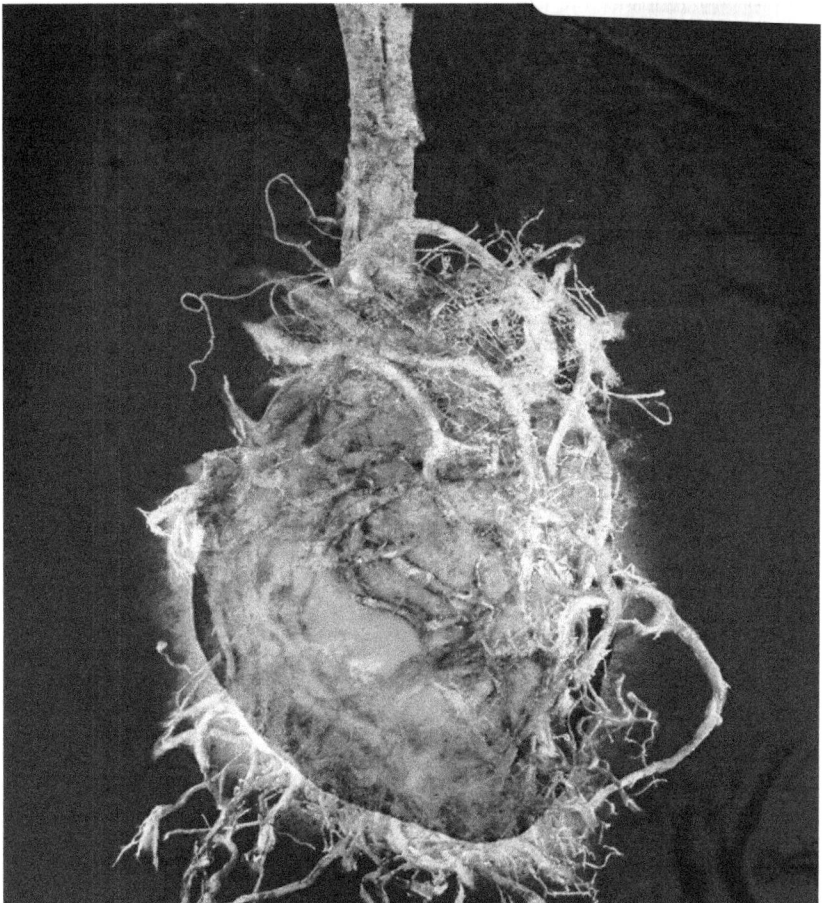

LOS PELIGROS
DE NO PERDONAR

GUILLERMO MALDONADO

LOS PELIGROS DE NO PERDONAR

Nuestra Misión
Llamados a traer el poder sobrenatural de Dios a
esta generación.

Los peligros de no perdonar
ISBN: 978-1-59272-312-6
Edición mayo 2009

Todos los derechos están reservados por el *Ministerio Internacional El Rey
Jesús/Publicaciones.*

Directora del Proyecto: Addilena Torres
Portada: ERJ Publicaciones

ERJ Publicaciones
13651 SW 143 Ct., Suite 101, Miami, FL 33186
Tel: (305) 233-3325 - Fax: (305) 675-5770

Categoría:
Sanidad Interior

Impreso en los Estados Unidos de América

Dedico este libro...

...a todos los hijos e hijas de Dios
que han aprendido
que el perdón es un estilo de vida.
Muchos son los testimonios que he escuchado
de la sanidad interior y física, que viene
cuando una persona logra perdonar las ofensas.
Dedico este libro a todos esos milagros
que el perdón ha traído a nuestras vidas y ministerios.

Jesús vino a este mundo
a establecer el reino de Dios, y nos enseñó
los principios para vivir exitosamente en él.
Mi corazón está agradecido hacia mi amado Jesús
por enseñarnos las virtudes del perdón,
lo cual ha encendido en mí
la pasión porque otros también las aprendan.
¡Gracias Jesús!

TABLA DE CONTENIDO

Uno de los principios fundamentales para vivir bien en el reino de Dios es el perdón. Saber perdonar es una virtud importantísima para tener una vida exitosa, plena y libre de ataduras del pasado. El perdón es la razón por la cual Jesús vino a la Tierra y murió en la Cruz, de modo que el Padre perdonara nuestros pecados y nos reconciliara con Él. Si Jesús pagó tan alto precio, al menos esto debe ponernos a meditar en el valor de tal principio. El perdón es un misterio para quienes no lo entienden, pero una maravillosa revelación para aquellos que han probado sus delicias. Es tan poderoso que puede transformar la vida de una persona, de una familia, de una ciudad y de una nación, si existe alguien dispuesto a perdonar la ofensa y el agravio.

En los tres años y medio que duró el ministerio de Jesús, Él se aseguró de que sus discípulos conocieran este misterio y lo propagaran; pues sabía que sería vital para el éxito de la comisión que les daría. Les habló de las ofensas, dejando muy claro que éstas siempre vendrían, y que, por lo tanto, debían aprender a lidiar con ellas. Les habló de cuántas veces debían ser capaces de perdonar a quien pecara contra ellos, y puso el estándar tan alto, que más bien, podemos decir que "no perdonar" no es una opción; en todo caso, es una decisión muy peligrosa. Guardar rencor o no perdonar la ofensa, encierra serios peligros que este libro describe de manera clara. De este modo, los lectores podrán tener toda la información necesaria para tomar una decisión cada vez que sean ofendidos, y también, cada vez que ofendan a alguien. ¡Oh, sí! Porque los peligros no sólo son para quienes deciden no perdonar, sino también para aquellos que ofenden a otros y no tienen el valor de pedir perdón y restaurar el corazón herido.

Este libro tiene una garantía de efectividad del 100% para quien aplique sus consejos, pues todos ellos están basados en el libro inspirado por nuestro Creador, la Biblia. ¿Cuántos errores hemos cometido en nuestra vida? ¿Cuánto hemos ofendido a Dios? Y en un sólo día, en el momento en que nos arrepentimos y recibimos a Jesús en nuestro corazón, Él borró todos nuestros pecados de su memoria y nos recibió con los brazos abiertos. Nos vistió con ropas nuevas, hizo una fiesta en los Cielos y nos dio dignidad, salvación, liberación y poder para vencer a nuestro verdadero enemigo, Satanás.

Perdonar no es más que hacer lo mismo que Dios hizo con nosotros, y pedir perdón cuando hemos ofendido a alguien -o incluso, cuando no hemos tenido la culpa-, no se compara con el sacrificio que Jesús hizo por nuestras culpas, siendo totalmente inocente. Es tiempo de comenzar a vivir como Jesús, para tener parte con Él en su reino.

CAPÍTULO I

¿CÓMO COMIENZA LA FALTA DE PERDÓN?

Toda falta de perdón comienza con una ofensa. La ofensa es una semilla que se planta en el corazón y echa raíces de amargura y crece como un árbol de rencores y reproches.

Veamos en el siguiente diagrama, cómo una ofensa nos afecta si no tratamos adecuadamente con ella:

Ofensa ⇨ Resentimiento ⇨ Falta de perdón ⇨ Raíz de amargura ⇨ Odio ⇨ Muerte espiritual ⇨ Enfermedad física ⇨ Muerte física

¿Cómo llega una ofensa al corazón de una persona?

> [2]*Porque todos ofendemos muchas veces. Si alguno no ofende en palabra, éste es varón perfecto, capaz también de refrenar todo el cuerpo".* Santiago 3.2

La ofensa llega al corazón de una persona a través de la falta de identidad, la inseguridad, el rechazo, el desconocer su valor o ignorar los planes que Dios tiene para su vida. Una persona que conoce su identidad en Dios rara vez se ofende y mucho menos, guarda una ofensa por largo tiempo.

Observemos algunos ejemplos, por los que una persona se ofende: No la tomaron en cuenta, alguien habló mal de ella, un malentendido la dejó como responsable de algo, alguna actitud ajena la afectó, no la trataron como cree que merece ser tratada, algún sermón del pastor la ofendió porque lo tomó como personal, alguien la traicionó, dejaron de hacer algo por ella, no cumplieron una promesa que le habían hecho, alguien no la saludó, le quitaron algo, alguien la estafó o abusó de su confianza, alguien abusó verbal, física o emocionalmente de ella, alguien abusó sexualmente de ella.

Algunas ofensas son válidas, pero más adelante veremos cómo debemos manejarlas para que, si arruinaron nuestro pasado o nuestro presente, no arruinen también, nuestro futuro.

¿Qué significa la palabra ofensa?

Ofensa es la palabra griega *skandalón* que significa trampa, tropiezo, carnada. En la antigüedad, se usaba para describir la carnada que se colocaba en un vástago curvado con una vara flexible para cazar animales. La palabra llega a denotar un lazo o piedra de tropiezo. Por ejemplo, el pescador pone un pescado en su caña como señuelo para atraer a otro pez; el punto es que lo coloca enganchado en una punta o aguja que se llama anzuelo, para que cuando el pez muerda el señuelo, el anzuelo se clave en su boca y no pueda safarse hasta que el pescador lo saque del agua. Otro ejemplo es el caso del ratón y el queso. Para atrapar a un ratón, sólo se pone un poquito de veneno en un pequeño trozo de queso: Cuando el ratón lo ingiere, el veneno que lleva el queso es suficiente para matarlo.

Hay muchas personas que caen en la trampa del enemigo. Él les pone una carnada, la muerden, se envenenan y luego, van muriendo de a poco. Alguien las ofendió, no perdonaron y, por eso, su alma está atrapada en cárcel de amargura. ¡Necesitan ser libres!

"26 ...y escapen del lazo del diablo, en que están cautivos a voluntad de él". 2 Timoteo 2.26

¿Cómo aplicamos el término ofensa o *skandalón* a nuestras vidas?

El enemigo usa a otras personas para que nos ofendan. Él siempre busca una buena carnada, algo que realmente nos atraiga al anzuelo. Entonces, cada vez que alguien lo ofende, usted está ante una trampa, una carnada que causará un tropiezo en su vida. El propósito de esta trampa es destruir su vida espiritual, envenenar su alma, llenarlo de amargura, para finalmente, llevarlo a un sentimiento de odio que lo consuma. Hay dos tipos de personas ofendidas:

❧ Las que han sido tratadas injustamente.

❧ Las que creen que han sido tratadas injustamente.

Si usted se ofende fácilmente, tenga por seguro que el enemigo, maliciosamente, pondrá a alguien en el camino asegurándose de que le ofenda en sus áreas débiles. ¿Le ha pasado alguna vez que se ha alejado de una persona para que no le hiera en un área en la que usted es sensible y, cuando va a otro lugar, encuentra a otra que lo ofende en el mismo lugar? Sucede en las iglesias, sucede en las relaciones, sucede en el trabajo, sucede todo el tiempo. Por mucho que trate de huir, siempre el enemigo traerá a alguien a su vida para ofenderle. La solución es madurar en esa área y aprender a perdonar. El enemigo buscará la forma de que usted caiga en la trampa y muerda la carnada, una y otra vez.

"[10]Muchos tropezarán entonces, y se entregarán unos a otros, y unos a otros se aborrecerán". Mateo 24.10

Debemos tener en cuenta tres puntos muy importantes acerca de las ofensas:

1. **Las ofensas siempre van a venir a nuestra vida.**

"Dijo Jesús a sus discípulos: Imposible es que no

vengan tropiezos; mas ¡ay de aquel por quien vienen!" Lucas 17.1

No importa a dónde vaya, con quién vaya, no importa si trata de esconderse o levantar muros en su vida, las ofensas siempre lo alcanzarán. La única manera para que usted no sea ofendido es que se vaya al Cielo con el Señor. Las ofensas son parte de la vida. En algún momento, alguien nos va a ofender y nos sentiremos heridos, pero la pregunta es: ¿Vamos a permanecer ofendidos y heridos? No es necesario; siempre hay solución. Hay personas que creen que huir es la mejor solución, pero no es así. Debemos aprender a lidiar con las ofensas, y a practicar el perdón como un estilo de vida.

2. **Las ofensas o los tropiezos son necesarios para el crecimiento y la madurez espiritual.**

"⁷¡Ay del mundo por los tropiezos! porque es necesario que vengan tropiezos, pero ¡ay de aquel hombre por quien viene el tropiezo!" Mateo 18.7

Dios usa las ofensas para llevarnos a crecer espiritualmente. Lo que el enemigo quiere usar para destruirnos, Dios lo torna en un instrumento de maduración de nuestro carácter.

Judas fue un mal necesario en el ministerio de Jesús.

Cristo supo, mucho antes, que Judas lo traicionaría; sin embargo, no lo echó ni le recriminó, sino que lo amó. Si Judas no hubiera traicionado a Jesús con un beso y por unas pocas monedas, la profecía no se hubiera cumplido.

Los Judas son necesarios

Hay personas que han llegado a nuestra vida y nos han traicionado, nos han vendido. Ésas han sido nuestros Judas; pero, aunque parezca mentira, ésas son las personas que nos hacen crecer. Los Judas existen en la vida de cada hijo de Dios; y no solamente existen, sino que son necesarios para llevar a cabo los tratos de Dios en su vida y alcanzar la madurez. Estos "amigos Judas" son los que causan más dolor, los que más nos hieren y traicionan.

No creo que Dios nos mande a los Judas, pero sí creo que los usa para que crezcamos espiritualmente. Judas no fue un error; fue escogido y elegido por Jesús como uno de sus discípulos y su papel fue crucial en el cumplimiento de su misión. Sé que algunos ven a Judas como el que no sirvió para nada, el ladrón del dinero y traidor infame, pero cambiemos la perspectiva y veámoslo como el instrumento para ejecutar una obra. En nuestro caso, los Judas son para que maduremos y desarrollemos el carácter y las virtudes de Cristo, aunque nos causen dolor y quebranto.

3. **Las ofensas son una manifestación de los que son aprobados.**

"19Porque es preciso que entre vosotros haya disensiones, para que se hagan manifiestos entre vosotros los que son aprobados". 1 Corintios 11.19

Aquel que no es hijo no es capaz de perdonar y huye; pero el que es hijo, cuando es corregido, pasa el examen de las ofensas y permanece. Así, llega a ser un siervo aprobado.

¿Cuáles son las señales de que hay falta de perdón?

La persona que alberga rencor en su corazón proyecta señales manifiestas de la atadura que la atormenta. Las siguientes son algunas de ellas:

✑ Pensamientos de venganza

Cuando una persona está herida, sale juicio e ira de su boca y maquina continuos pensamientos de venganza. A menudo, tiene pensamientos malos contra la persona que la hirió. También, vienen a su mente, imágenes de cómo sería su venganza y de los males que quisiera que la persona sufriera. La palabra de Dios es muy clara con respecto a esto.

"30...Mía es la venganza, yo daré el pago, dice el

Señor. Y otra vez: El Señor juzgará a su pueblo".
Hebreos 10.30

Debemos aprender a dejar que Dios sea quien tome venganza y cobre por nosotros.

✍ Se alegra cuando algo malo le sucede a quien la ofendió.

Tal vez, no lo decimos con nuestra boca, pero nos alegramos en nuestro corazón por el mal del otro. Ésta es una señal de que hay falta de perdón, rencor en nuestro interior.

✍ Siente dolor en el corazón.

Cuando recuerda a la persona y lo que le hizo, sufre como si la ofensa fuera reciente. Vuelve a sentir el dolor y revive la angustia, la impotencia, el enojo y la ira.

✍ Le cuenta a todo el mundo lo que le hicieron.

La persona que no ha perdonado la ofensa, sigue enganchada al anzuelo, y en cualquier conversación, saca a relucir el problema. Por lo general, arruina las reuniones familiares o aleja a la gente de su vida. Nadie quiere estar cerca de una persona que sólo despide odio y amargura.

~ Tiene síntomas fisiológicos.

Por ejemplo, cuando se menciona el nombre de la persona que la hirió, le dan mareos; la ve y no puede respirar; ve pasar su automóvil le dan dolores en el pecho. Cualquiera de estos síntomas es señal de la falta de perdón.

~ Piensa que su oponente no tiene ninguna cualidad.

En ocasiones, llegamos a pensar que las personas son cien por ciento malas, y que no merecen la confianza de nadie más. En la mayoría de los casos, las personas no tenían la intención de herirla; lo hicieron, ya sea por distracción o ignorancia. Esto no significa que sean malas o que vayan a herir a todo el mundo.

Con frecuencia, el celo, la envidia, la ira y el juicio son parte de la falta de perdón. Estas cosas se esconden sutilmente y, a veces, son muy difíciles de detectar.

¿Qué debemos hacer cuando somos ofendidos?

[26]Airaos, pero no pequéis; no se ponga el sol sobre vuestro enojo..." Efesios 4.26

Si no lidiamos con la ofensa en el momento de la ira,

continuará creciendo hasta convertirse en odio, haciendose más difícil para perdonar a la persona.

El triste ejemplo de *Absalón*

Absalón, hijo del rey David, guardó una ofensa en su corazón, por largo tiempo. Esto lo llevó a matar a su hermano *Amnón* y después, a traicionar a su padre.

> *"²²Mas Absalón no habló con Amnón ni malo ni bueno; aunque Absalón aborrecía a Amnón, porque había forzado a Tamar su hermana. ²⁸Y Absalón había dado orden a sus criados, diciendo: Os ruego que miréis cuando el corazón de Amnón esté alegre por el vino; y al decir yo: Herid a Amnón, entonces matadle, y no temáis, pues yo os lo he mandado. Esforzaos, pues, y sed valientes". 2 Samuel 13.22, 28*

Absalón se ofendió porque su padre no hizo nada cuando *Amnón* violó a su hermana. Esperó dos años y llevó a cabo su propia venganza. Una ofensa lo llevó a matar a su hermano y, luego, a traicionar a su padre.

> *"⁵...cuando alguno se acercaba para inclinarse a él, él extendía la mano y lo tomaba, y lo besaba. ⁶De esta manera hacía con todos los israelitas que venían al rey a juicio; y así robaba Absalón el corazón de los de Israel". 2 Samuel 15.5, 6*

A muchos líderes y creyentes en las iglesias, les ocurre lo mismo. Es decir, existen algunos hogares donde los padres e hijos se juzgan y se critican el uno al otro por las ofensas mutuas y los conflictos irresueltos. Llegan a actitudes más graves que las mismas ofensas. Por eso, es común escuchar en los noticieros, que un hijo mató a su padre, que un hombre mató a su esposa, etcétera.

¿Qué hace una persona ofendida?

Una persona ofendida tiende a generalizar. Tuvo una mala experiencia con alguna persona y todas las de su tipo serán peligrosas para ella. Cuando una persona está herida y ofendida, tiende a juzgar rápidamente y hace votos secretos consigo misma. No se da cuenta pero así, se está enredando con los dichos de su boca.

> [2] *Te has enlazado con las palabras de tu boca, y has quedado preso en los dichos de tus labios".*
> *Proverbios 6.2*

¿Quiénes son los que más nos ofenden?

Las personas que están más cerca de nosotros y las que más amamos son las que más dolor nos pueden causar. El amor verdadero siempre está expuesto a ser herido.

Nosotros herimos a Dios todos los días, pero Él nos sigue amando. Alejarse no siempre es la solución, a menos que la persona no se arrepienta y siga hiriéndonos de continuo. Para que una relación sea sana, ambas partes deben madurar, ceder intereses y pagar un precio por permanecer. Pero en todo el proceso que significa lograr esto, las personas crecen y se enriquecen mutuamente. Si no, veamos lo que sucedió con José, el hijo de Jacob, nieto de Isaac y bisnieto de Abraham.

Las ofensas de José

Anteriormente, hicimos referencia a dos categorías de personas ofendidas: Las que fueron tratadas de forma injusta y las que creen haber sido tratadas injustamente. Esta historia cae en la primera categoría.

José era el hijo undécimo de Jacob, favorito porque lo había tenido en su vejez. Le había hecho una túnica de varios colores y lo trataba mejor con deferencia. Todo esto provocó la envidia de sus hermanos. Por otro lado, José tenía sueños recurrentes, en los que veía que sus hermanos se inclinaban ante él. Y cuando se los contaba a ellos, más lo despreciaban. El odio llegó a tal punto, que lo arrojaron a una cisterna y luego, lo vendieron como esclavo. José pasó quince años de rechazo, soledad y sufrimiento injusto, como esclavo, sirviente y hasta encarcelado por nuevas injusticias. En el idioma común, diríamos: "pagó el castigo sin comerla, ni beberla". Analicemos rápidamente las situaciones más sobresalientes en la vida de este gran hombre de Dios:

❧ Fue incomprendido por su padre cuando le contó sus sueños.

❧ Fue rechazado, burlado y maltratado por sus hermanos.

❧ Fue vendido como esclavo.

❧ Cuando parecía que su vida, por fin, iba surgiendo, fue acusado por un delito que no cometió y enviado a prisión.

❧ Finalmente, Dios lo restauró y se convirtió en un hombre de mucha influencia. Luego, hubo una gran hambruna en la tierra, y sus hermanos fueron a él en busca de alimento. En este punto, José ya había entendido el plan de Dios y había aprendido a lidiar con las ofensas.

⁵Ahora, pues, no os entristezcáis, ni os pese de haberme vendido acá; porque para preservación de vida me envió Dios delante de vosotros. ⁶Pues ya ha habido dos años de hambre en medio de la tierra, y aún quedan cinco años en los cuales ni habrá arada ni siega. ⁷Y Dios me envió delante de vosotros, para preservaros posteridad sobre la tierra, y para daros vida por medio de gran liberación. ⁸Así, pues, no me enviasteis acá vosotros, sino Dios, que me ha puesto por padre

de Faraón y por señor de toda su casa, y por
gobernador en toda la tierra de Egipto".
Génesis 45.5-8

Cualquier persona se hubiera amargado con todo lo que
José sufrió injustamente, pero él decidió perdonar a sus
hermanos y a todos aquellos que lo hirieron.

¿Por qué José tuvo que pasar por tanta injusticia? Aunque
no lo crea, era el plan de Dios para llevarlo a ser el
gobernador de Egipto. A veces, Dios permite que
experimentemos traiciones, rechazos y sufrimientos injustos,
porque quiere llevarnos de la cisterna al palacio, como lo
hizo con José. Si usted ha pasado situaciones muy difíciles
en su vida, busque el plan de Dios en todo eso. Sepa que
cuanto más dolor haya pasado, más arriba Dios lo quiere
llevar.

Es más fácil perdonar las ofensas cuando se sabe que
sirven al cumplimiento del propósito de Dios. José dijo:
"ustedes pensaron que tirándome en la cisterna acabarían
conmigo, y que vendiéndome habían destruido mi vida,
mas Dios puso su mano y todo lo tornó en bendición".
José perdonó a sus hermanos y Dios lo bendijo.

Éste es el momento para que usted decida perdonar a
aquellos que le ofendieron. No importa lo que le hayan
hecho, más le hicieron a Jesús y Él perdonó. Dios le
ayudará si usted decide perdonar hoy mismo.

Entresacar lo bueno de lo malo

¹⁹Por tanto, así dijo Jehová: Si te convirtieres, yo te restauraré, y delante de mí estarás; y si entresacares lo precioso de lo vil, serás como mi boca. Conviértanse ellos a ti, y tú no te conviertas a ellos". Jeremías 15.19

Los Judas siempre vendrán a nuestra vida, lo importante es que aprendamos a sacar algo bueno del dolor que nos causan. Algo bueno puede salir de todo ese abuso emocional, físico y sexual; algo bueno hay para sacar de la traición de ese amigo o amiga. Entresaque algo precioso de esa herida y la Palabra le promete que será como la boca de Dios.

CAPÍTULO II

LA OFENSA ES NECESARIA

Como todo en el reino de Dios, sus leyes contradicen las leyes de los hombres. Para ser primeros, debemos ser servidores de todos; para estar cerca del Padre, tenemos que amar a nuestros enemigos; para alcanzar la vida de Jesús, debemos morir a la vida de la carne. Así también es con las ofensas. Para madurar y para ser útiles en el Reino, es necesario que recibamos ofensas y que, en vez de vengarnos, amemos a nuestro ofensor, tengamos misericordia de él, lo perdonemos, lo levantemos en oración y le devolvamos bien por mal.

Principios bíblicos acerca del perdón

❧ Las ofensas siempre van a venir y son necesarias.

No importa dónde usted se esconda, adónde vaya, las ofensas siempre lo van a alcanzar. Los problemas no se arreglan huyendo, sino aprendiendo a lidiar con ellos.

> *"Dijo Jesús a sus discípulos: Imposible es que no vengan tropiezos; mas ¡ay de aquel por quien vienen!" Lucas 17.1*

✌ Todos ofendemos con nuestras palabras.

Ésta es una de las formas más comunes de ofender. La lengua es un órgano con el cual debemos tener cuidado pues tiene veneno y produce contaminación. Necesitamos aprender a refrenar nuestra lengua, con la ayuda del Espíritu Santo.

> *²Porque todos ofendemos muchas veces. Si alguno no ofende en palabra, éste es varón perfecto, capaz también de refrenar todo el cuerpo".*
> *Santiago 3.2*

La persona que no ofende de palabra es madura.

¿Por qué la gente se ofende?

En la iglesia y fuera de ella, todos somos ofendidos y ofendemos constantemente. Algunas ofensas son válidas, pues somos seres humanos y, si padecemos algo injusto, es normal dolerse. Pero esto no significa que debamos permanecer heridos para siempre. El hecho de que sea válido ofenderse no es excusa para no perdonar.

> *⁵³Jesús les dijo: De cierto, de cierto os digo: Si no coméis la carne del Hijo del Hombre, y bebéis su sangre, no tenéis vida en vosotros". Juan 6.53*

Jesús dijo que si no comemos "su carne y su sangre" no tendremos vida eterna. Muchos escogen de Cristo, la sanidad, la liberación, la paz y el gozo, pero ¿qué tal la persecución...? Por esto, hay líderes que no predican mensajes fuertes que confronten a su congregación; no están dispuestos a correr el riesgo de que se les vayan los creyentes, ni quieren ser perseguidos. Sólo quieren lo bueno de Cristo, lo que no les trae conflicto ni persecución. ¡Siga predicando el evangelio aguado y simple!, pero sepa que Cristo dice que si no se alimenta de Él por completo, incluyendo lo que le ofende, no tendrá vida. Hay ciertos mensajes que incomodan a la gente, que no gustan, pero que son parte del ser de Jesucristo, y debemos anunciarlos y practicarlos.

> *60 Al oírlas, muchos de sus discípulos dijeron: Dura es esta palabra; ¿quién la puede oír?" Juan 6.60*

El evangelio de Cristo no se trata de decir lo que la gente quiere oír, sino de lo que necesita escuchar. Si quiere a Jesús tiene que comerse todo el paquete.

Los discípulos se ofendieron con Jesús

> *61 Sabiendo Jesús en sí mismo que sus discípulos murmuraban de esto, les dijo: ¿Esto os ofende?" Juan 6.61*

¿Qué les ofendió...? Los discípulos se ofendieron por varios motivos, los cuales son aplicables a cualquiera de nosotros hoy en día. Veamos cuáles son esos motivos:

✍ La gente se ofende cuando se le pide compromiso.

En nuestro diario vivir, aceptamos la demanda del jefe, del marido, de los hijos, pero cuando Cristo nos pide algo, nos quejamos y murmuramos. Nos resulta fácil olvidar que Él pagó un precio mucho más alto que el que cualquier ser humano pueda dar por otro. Él pagó la deuda que tenía en peligro de perdición nuestra alma.

¡Cómo se enoja el pueblo cuando se le pide compromiso! Esto es por la tradición que arrastramos de que, ser parte de una iglesia, es ir una vez a la semana, sentarse en una silla y recibir, sin involucrarse, dejando que otros hagan todo el trabajo. Entonces, pasan los días, los meses y los años, y seguimos siendo los mismos. Nunca conocemos nuestro destino ni para qué estamos aquí; nunca sentimos la satisfacción de ser instrumentos de Dios ni de bendecir a quienes tienen necesidad. No lo hacemos porque eso demanda renunciar a nuestra vida egoísta.

— ✤ —

Usted sabe quiénes están con usted
y quiénes no, cuando
les pide compromiso.

— ✤ —

⁶⁴Pero hay algunos de vosotros que no creen. Porque Jesús sabía desde el principio quiénes eran los que no creían, y quién le había de entregar. ⁶⁶Desde entonces muchos de sus discípulos volvieron atrás, y ya no andaban con él".
Juan 6.64, 66

Por eso no podemos escandalizarnos cuando la gente se va ofendida de la iglesia. ¡Si se fueron de la iglesia de Jesús...! ¿Quién no hubiera querido ser parte de la congregación de Jesús? Sin embargo, muchos se fueron porque se sintieron ofendidos por sus palabras.

↝ La gente se ofende cuando no se le da la posición que quiere.

A veces, el objetivo principal de una persona es alcanzar una posición. Tanto en una iglesia como en una empresa, escuela, etcétera, la gente es motivada a hacer algo porque anhela estar en eminencia o tener poder. Es capaz de pasar por encima de lo que sea o de quien sea que se le cruce en el camino.

↝ La gente se ofende cuando no recibe reconocimiento por sus obras.

Si usted se ofende porque la gente no reconoce un trabajo o esfuerzo que ha realizado, es porque lo hizo para el hombre, no para Jesús. Esto es un buen medidor de las intenciones de nuestro corazón. Si trabajamos para Dios, no importa cuánto nos ofendan, seguiremos dando lo mejor. Pero si lo hacemos para el hombre, en seguida nos decepcionaremos y nuestro servicio decaerá.

❧ La gente se ofende cuando se la corrige o disciplina.

Ésta es una de las causas más comunes de ofensa. La gente dice: "Pastor, cuando vea algo malo en mí corríjame." Mas cuando se la corrige se ofende. Para recibir corrección se necesita un corazón de hijo. Sólo el hijo sabe que el papá lo disciplina porque lo ama; en cambio, el bastardo piensa que le quieren sacar algo, que lo quieren humillar o poner a otra persona en su lugar. El hijo no se pone a discutir con su padre, sino que recibe la corrección porque sabe que es por su bien. ¡Aprendamos a ser hijos!

❧ La gente se ofende cuando no se le toma en cuenta, no se le saluda o no se le da el trato que espera.

La naturaleza humana necesita sentir que pertenece a algo con lo que se pueda identificar. Pero muchas personas buscan ese sentido de pertenencia en los hombres y en el trato que recibe. Si el pastor está ocupado y no lo saludó, se ofende porque necesita sentirse importante. Si el pastor predicó un tema fuerte, se ofende porque cree que eso no es amor de Dios. Y finalmente sale ofendido, publicando que: "...en esa iglesia no hay amor."

✐ La gente se ofende cuando no se procede conforme a su criterio o mentalidad.

Éstos son los creyentes que tienen un espíritu de manipulación y control, y quieren que las cosas en la casa, en el negocio y en la iglesia se manejen a su manera. Su motivación es sentirse seguros, no beneficiar a los demás. Llega a un lugar y pretende que todo comience a funcionar de acuerdo a su criterio o como más le conviene. Y cuando esto no sucede, se ofenden y salen diciendo: "...es que el orden de Dios no está en ese lugar."

✐ La gente se ofende porque no se la ama conforme a como cree que debe ser amada.

Mucha gente mide el amor de otros conforme a su lenguaje de amor. Pero en un lugar donde hay tantas personas, con tantos lenguajes de amor diferentes, el pastor no puede demostrar el amor de Dios en el lenguaje de cada uno, sino que debe hacerlo de manera que todos puedan entenderlo y recibirlo. Por ejemplo, mi lenguaje de amor, como pastor y apóstol, es estudiar y buscar la presencia de Dios para recibir la revelación fresca de la Palabra, y edificar con ella al pueblo. Mi pasión y mi esfuerzo están abocados a desarrollar el potencial de liderazgo y servicio en cada uno; llevarlos a un verdadero conocimiento de la paternidad de Dios, equiparlos con las armas y las herramientas espirituales necesarias para hacer la obra de Dios y destruir los planes y las obras de Satanás.

¡No caiga en esta trampa! Mire lo que su pastor o líder está haciendo para edificar al pueblo. Ésa es su expresión de amor. Hay gente que tiene un concepto errado del amor; cree que es puro abrazo, cariño, palabras de aliento, permisividad, infinita paciencia para tolerar todas las "sinvergüenzadas" de la gente. Pero amor es también, corrección.

✍ La gente se ofende cuando es tratada injustamente.

La primera idea que viene a mi mente es: ¿Cómo sabe si es injusto ante los ojos de Dios? Muchas veces, no tenemos conocimiento de la Biblia, para saber cuándo estamos frente a un trato injusto y cuándo frente a una corrección que nos ayudará a crecer. Claro, hay personas que tienen razón, fueron tratadas injustamente; su ofensa es válida y real. Pero aunque sea así, si ése es su caso, no se estanque allí; perdone y madure.

―― ✛ ――

Saque lo bueno de la ofensa
para formar su carácter.

―― ✛ ――

✍ La gente se ofende cuando se le dice la verdad

Ésta puede ser una ofensa válida, pero, de todos modos, no es excusa para permanecer ofendido. Si la Palabra de Dios le ofende, o si alguna persona le dijo una verdad y le dolió, vaya a Dios en oración y pídale que trabaje en su corazón. No se pierda la oportunidad de crecer porque su orgullo se sintió herido. En el momento, las palabras fuertes duelen pero, luego, debemos ser capaces de perdonar.

Entonces, como dijo Jesús, es necesario que venga la ofensa, para que se muestren los aprobados. Aprendamos a lidiar con la ofensa y los tratos injustos, crezcamos a pesar de ellos y gracias a ellos. Entresaquemos lo precioso de lo vil, y así, seremos como la boca de Dios que habla vida y verdad.

CAPÍTULO III

¿QUÉ ES EL PERDÓN?

Para tomar la decisión de perdonar, muchas personas necesitan saber de qué se trata, cuáles son los beneficios de hacerlo y las consecuencias de no hacerlo. Con este fin, comenzaremos por definir lo que no es el perdón.

¿Qué *no* es el Perdón?

El perdón no es tratar de olvidar lo que sucedió, negar la ofensa recibida, dejar que el tiempo borre lo ocurrido o simplemente ignorarlo. No se trata de un perdón mental ni de un sentimiento repentino.

¿Qué es el perdón?

El perdón es soltar, dejar ir a la persona que nos ofendió, soltar al que nos causó daño, cancelar una deuda pendiente.

La falta de perdón es una epidemia en el cuerpo de Cristo y en el mundo. Hoy día, hay miles de personas enfermas de cáncer, úlceras y otras enfermedades -incluso han muerto- y todo a causa de la falta de perdón y la amargura que ésta conlleva.

Ilustración: Cuando un pescador agarra los peces, lo

primero que hace es sacarles las vísceras y las escamas; antes de guardarlos en el refrigerador, los limpia de todo aquello que pueda producir mal olor. Muchos creyentes recibieron al Señor pero nunca fueron limpiados. Hoy día, después de muchos años, todavía arrastran heridas, ofensas, falta de perdón, rechazo y culpabilidad. Por lo tanto, es necesario que pasen por una ministración de sanidad interior y liberación, y que aprendan a vivir en esa libertad.

La falta de perdón

Éste es uno de los obstáculos más grandes de la oración. He visto un sinnúmero de creyentes frustrados y desanimados porque ninguna de sus peticiones es contestada y viven en una continua miseria espiritual. La razón número uno es la falta de perdón. Hay diferentes nombres para la falta de perdón, tales como: ofensa, resentimiento, molestia, enojo, sentirse herido.

> *25 Y cuando estéis orando, perdonad, si tenéis algo contra alguno, para que también vuestro Padre que está en los cielos os perdone a vosotros vuestras ofensas". Marcos 11.25*

¿Qué dijo Jesús acerca del enojo entre hermanos?

> *"Pero yo digo que cualquiera que esté enojado de continuo (ofendido, molesto, herido, resentido)*

contra su hermano, o abrigue malicia, será encontrado responsable y no podrá escapar del castigo impuesto por la corte. Y aquel que hable con desprecio y con insulto de su hermano, será responsable y no podrá escapar del castigo impuesto por el sanedrín. Y aquel que le dice a su hermano: necio, estúpido y que es presuntuoso, engreído, jactancioso, petulante, vanidoso, será encontrado responsable y no podrá escapar del infierno de fuego". Mateo 5.22 (Biblia Amplificada)

La falta de perdón, la ofensa, la molestia, la herida o el resentimiento son la guillotina de sus oraciones. Dios le pone contra la pared. Los Cielos son de "bronce" para el creyente que tiene falta de perdón en su corazón. La falta de perdón corta nuestra comunión con Dios. Él no puede oír nuestras oraciones si tenemos enojo contra alguien.

¿Por qué Dios hace esto?

[21]Entonces se le acercó Pedro y le dijo: Señor, ¿cuántas veces perdonaré a mi hermano que peque contra mí? ¿Hasta siete?[22] Jesús le dijo: No te digo hasta siete, sino aun hasta setenta veces siete. [23]Por lo cual el reino de los cielos es semejante a un rey que quiso hacer cuentas con sus siervos.[24] Y comenzando a hacer cuentas, le fue presentado uno que le debía diez mil talentos.[25] A éste, como no pudo pagar, ordenó su señor venderle, y a su

mujer e hijos, y todo lo que tenía, para que se le pagase la deuda. ²⁶Entonces aquel siervo, postrado, le suplicaba, diciendo: Señor, ten paciencia conmigo, y yo te lo pagaré todo. ²⁷El señor de aquel siervo, movido a misericordia, le soltó y le perdonó la deuda. ²⁸Pero saliendo aquel siervo, halló a uno de sus consiervos, que le debía cien denarios; y asiendo de él, le ahogaba, diciendo: Págame lo que me debes. ²⁹Entonces su consiervo, postrándose a sus pies, le rogaba diciendo: Ten paciencia conmigo, y yo te lo pagaré todo. ³⁰Mas él no quiso, sino fue y le echó en la cárcel, hasta que pagase la deuda. ³¹Viendo sus consiervos lo que pasaba, se entristecieron mucho, y fueron y refirieron a su señor todo lo que había pasado. ³²Entonces, llamándole su señor, le dijo: Siervo malvado, toda aquella deuda te perdoné, porque me rogaste. ³³No debías tú también tener misericordia de tu consiervo, como yo tuve misericordia de ti? ³⁴Entonces su señor, enojado, le entregó a los verdugos, hasta que pagase todo lo que le debía. ³⁵Así también mi Padre celestial hará con vosotros si no perdonáis de todo corazón cada uno a su hermano sus ofensas." Mateo 18.21-35

¡Hay tantos puntos importantes en esta narración de Jesús...! Para ese tiempo, un talento era una cantidad de oro o plata que se utilizaba para pesar oro. Un talento era equivalente a 75 libras aproximadamente y 10.000 talentos, igual a 750.000 libras, que es lo mismo que 375 toneladas. Hoy día, una onza de oro cuesta alrededor de $375 dólares. En el mercado de hoy, un talento de oro es igual a $450.000 dólares. Entonces, 10.000 talentos de oro equivalen a 4.500 millones de dólares. El siervo le debía a su amo 4.5 millones de dólares. Jesucristo enfatiza el hecho de que el siervo tiene una deuda que nunca podrá ser pagada. Eso mismo sucedió con nosotros, ya que todos teníamos una deuda que nunca hubiésemos podido pagar.

Jesús, al pagar la deuda, canceló el acta de decretos que había contra nosotros.

> *[13] Y a vosotros, estando muertos en pecados y en la incircuncisión de vuestra carne, os dio vida juntamente con él, perdonándoos todos los pecados, [14] anulando el acta de los decretos que había contra nosotros, que nos era contraria, quitándola de en medio y clavándola en la cruz..."*
> *Colosenses 2.13, 14*

Ilustración: Según los psicólogos, por nuestra mente pasan 10.000 pensamientos diarios. Vamos a suponer que de esos 10.000, 3 son malos. Si multiplicamos esos 3 pecados por 365 días al año, serían 1.095 pecados al año. Si usted hoy tiene 50 años, ¿cuántos serían sus pecados? ...más de 50.000 (y usted sabe que 3 pecados por día es un promedio muy bajo). Jesús le perdonó esos miles de pecados. Si se presentara en una corte con mil faltas de tránsito,

¿qué cree que le diría el juez...? ¡Su sentencia sería la cárcel!

¿Qué hizo el siervo después de ser perdonado?

> [28]*Pero saliendo aquel siervo, halló a uno de sus consiervos, que le debía cien denarios; y asiendo de él, le ahogaba, diciendo: Págame lo que me debes". Mateo 18.28*

¿Qué era un denario? Un denario es el valor aproximado de un salario diario de un obrero, hoy en día; alrededor de $52 dólares. Así que, 100 denarios equivaldrían a $5.200 dólares de hoy.

> [29]*Entonces su consiervo, postrándose a sus pies, le rogaba diciendo: Ten paciencia conmigo, y yo te lo pagaré todo". Mateo 18.29*

Hay una gran diferencia entre 4.5 millones de dólares que el siervo debía a su amo y los $5.200 dólares que le debía su consiervo a él. A lo mejor, alguien lo ha tratado mal, pero eso no se compara con lo que usted ha pecado contra Dios. Unas cuantas ofensas contra miles de pecados, no son nada. La persona que no puede perdonar ha olvidado cuántos pecados Jesús le perdonó. Según la edad que tenía cada uno de nosotros cuando le conocimos, era el número de pecados cometidos. Algunos fueron 10.000, otros 15.000 y otros 40.000. ¡Cómo no vamos a perdonar a aquellos que nos han ofendido veinte o treinta veces!

¿De qué nos perdonó Jesús?

❧ De la condenación eterna.

❧ De todos nuestros pecados.

❧ De todas nuestras iniquidades.

❧ Del tormento eterno en el Infierno y de la muerte.

> [31]Viendo sus consiervos lo que pasaba, se entristecieron mucho, y fueron y refirieron a su señor todo lo que había pasado. [32]Entonces, llamándole su señor, le dijo: Siervo malvado, toda aquella deuda te perdoné, porque me rogaste. [33]No debías tú también tener misericordia de tu consiervo, como yo tuve misericordia de ti? [34]Entonces su señor, enojado, le entregó a los verdugos, hasta que pagase todo lo que le debía. [35]Así también mi Padre celestial hará con vosotros si no perdonáis de todo corazón cada uno a su hermano sus ofensas". Mateo 18.31-35

De estos versos, podemos concluir lo siguiente:

❧ El hombre que no perdona es entregado a tortura por el Señor.

❧ El hombre que no perdona tiene que pagar su deuda original. Esto es como tratar de pagar la deuda que Jesús pagó en la cruz del Calvario. ¡Imposible!

❧ Dios el Padre hará lo mismo con cualquier creyente que no perdone a su hermano: Lo entregará a los verdugos o atormentadores (demonios). Éstos causan aflicción y angustia a las personas que no perdonan.

¿Qué es la tortura?

La tortura se define como una agonía del cuerpo o de la mente. Es un castigo causado por medio de un dolor intenso. Dios le da permiso a los demonios para infligir dolor y torturar el cuerpo y la mente de las personas que no perdonan a sus ofensores.

Ilustración: Me ha tocado orar por personas que no pueden recibir sanidad, liberación o prosperidad por el rencor que guardan contra alguien. Cuando usted no perdona es enviado a la prisión a pagar lo que debe".

> [20]*Pues ¿qué gloria es, si pecando sois abofeteados, y lo soportáis? Mas si haciendo lo bueno sufrís, y lo soportáis, esto ciertamente es aprobado delante de Dios...* [21]*porque también Cristo padeció por nosotros, dejándonos ejemplo, para que sigáis sus pisadas..." 1 Pedro 2.20, 21*

Debemos aprender de Jesús, que fue crucificado y abatido injustamente, y sin embargo, perdonó. Perdonar es una decisión; no espere sentir algo para hacerlo.

CAPÍTULO IV

LA OFENSA Y EL CRISTIANO

El crecimiento del cristiano guarda una relación intrínseca con el factor de la ofensa. Es imposible encontrar a un cristiano maduro que no haya sido enfrentado con la decisión de perdonar traiciones, heridas y ofensas.

Jesús habló de esto a sus discípulos, de distintas maneras, pues debía asegurarse de que ellos aprendieran a lidiar con la ofensa y a mantener limpios sus corazones.

Desde el comienzo del capítulo 18 de Mateo y hasta el verso 35, Jesús habla de los peligros de no perdonar. Ésta es la mejor disertación o enseñanza que se pueda escuchar acerca de este tema. De labios del mismo Jesús, sale lo que Él cree y piensa acerca de la ofensa y el perdón. En esta primera parte, comenzaremos por el capítulo 17, el cual nos llevará a comprender mejor el tema.

> *24 Cuando llegaron a Capernaum, vinieron a Pedro los que cobraban las dos dracmas, y le dijeron: ¿Vuestro Maestro no paga las dos dracmas? 25 Él dijo: Sí. Y al entrar él en casa, Jesús le habló primero, diciendo: ¿Qué te parece, Simón? Los reyes de la tierra, ¿de quiénes cobran los tributos o los impuestos? ¿De sus hijos, o de los extraños? 26 Pedro le respondió: De los extraños. Jesús le dijo:*

Luego los hijos están exentos. [27] Sin embargo, para no ofenderles, ve al mar, y echa el anzuelo, y el primer pez que saques, tómalo, y al abrirle la boca, hallarás un estatero; tómalo, y dáselo por mí y por ti".
Mateo 17.24-27

Antes de que Pedro entrara en la casa, Jesús ya sabía de qué le venía a hablar. Él podría haber dicho: "Yo soy el hijo de Dios, no tengo que pagar los impuestos para mi templo"; pero, para no ofender a los cobradores ni serles de tropiezo, los pagó. Sin embargo, lo hizo demostrando quién era, ya que el dinero fue sacado, milagrosamente, de la boca de un pez. Ésa fue una señal sobrenatural.

Es necesario que venga la ofensa

El capítulo 18 comienza con una pregunta por parte de los discípulos, la cual poco tiene que ver con lo que Jesús estaba expresando:

"En aquel tiempo los discípulos vinieron a Jesús, diciendo: ¿Quién es el mayor en el reino de los cielos?" Mateo 18.1

¿Qué tiene que ver esta pregunta con lo que acaba de pasar? ¿Por qué los discípulos le hacen a Jesús un planteo como éste, cuando Él está hablando de los impuestos? La razón de esta pregunta es que ellos tenían una riña. Jesús hacía milagros y les enseñaba los mayores misterios que ningún hombre hubiera antes conocido, pero ellos estaban envueltos en resolver sus aspiraciones humanas.

En aquel tiempo, cuando alguien se convertía en discípulo de un rabino, su mayor ambición era llegar a ser maestro o rabino y tener sus propios discípulos. Para esto, debían destacarse sobre el resto. Ésa era la razón por la que les preocupaba tanto la posición; su mentalidad era carnal y mundana. ¡Y usted se sorprende cuando ve, alrededor de su pastor, líderes que buscan posición...! Si Cristo, el hijo de Dios, tenía ese problema, ¿cómo no lo vamos a tener los pastores?

En el corazón de los discípulos, había un problema de ofensa. ¡Qué bien conectó, Jesús, los puntos en este asunto! Muchas veces, usted no sabe que tiene un problema hasta que la Palabra lo expone; ella pone de manifiesto lo que está oculto en nuestro corazón.

¿Cuál era la ofensa?

> *33 Y llegó a Capernaum; y cuando estuvo en casa, les pre-guntó: ¿Qué disputabais entre vosotros en el camino? 34 Mas ellos callaron; porque en el camino habían disputado entre sí, quién había de ser el mayor". Marcos 9.33, 34*

Los discípulos estaban ofendidos porque cada uno quería tener un lugar de eminencia en el reino de los Cielos;

codiciaban una posición al lado de Jesús, que fuera mayor a la de los demás. Allí emergió lo que había en sus corazones. Pero Jesús, el Verbo hecho carne, conocía sus pensamientos y los expuso para limpiarlos. Por todo esto, usted no puede decir: "Pastor yo no tengo nada, yo no estoy buscando posición", porque no se da cuenta hasta que la Palabra lo expone y lo confronta. La Palabra es un espejo para nuestro corazón, que nos muestra por qué no debemos confiar en nuestra propia prudencia. Para grabar esto en nuestros corazones, Jesús nos da una ilustración que nos enseñará los principios más importantes para ser grandes en su reino.

> *²Y llamando Jesús a un niño, lo puso en medio de ellos, ³y dijo: De cierto os digo, que si no os volvéis y os hacéis como niños, no entraréis en el reino de los cielos. ⁴Así que, cualquiera que se humille como este niño, ése es el mayor en el reino de los cielos". Mateo 18.2-4*

Necesitamos limpiar nuestro corazón hasta que sea tan puro como el de un niño, cuyo fin no es lograr una posición; éste es enseñable y está dispuesto a obedecer. Veamos ciertos principios que se desprenden de la enseñanza del Maestro:

1. Es necesario ser humilde.

Para ser grande en el Reino, el ser humano debe ser capaz de perdonar y, para esto, primero necesita humildad.

¿Qué tiene un niño que no tiene un adulto?

Usted insulta a un niño ahora y, más tarde, él mismo le está dando un abrazo; pero, si insulta a un adulto, le estará esperando para devolverle el golpe. El niño es humilde y sabe perdonar la ofensa de inmediato, la olvida y no guarda rencor.

¿Qué significa humillarse?

Humillarse es la traducción del griego *taipenóo*, que significa rebajarse, bajar. Cualquiera que se rebaje como un niño, obtendrá el mayor lugar en el reino de los Cielos.

Preste atención a esta figura: Los discípulos están en círculo y, en el centro del mismo, está Jesús con un niño, diciéndoles que si no se vuelven como éste, no podrán entrar al reino de los Cielos. No importa lo que les hagan, los niños perdonan; no importa si los maltratan, siempre perdonan y están dispuestos a humillarse.

Humildad no se trata de decir: "no puedo, no valgo nada, no sirvo...". Humildad es rebajarse, voluntaria-mente, sabiendo quién es uno en Cristo. Cuando nos enfrentamos a un asunto difícil, un desacuerdo, un malentendido, una ofensa, la humildad es decir: "No soy el culpable, pero voy a pedir perdón". La clave para ser mayor en el reino de los Cielos es ser como un niño y estar dispuesto a rebajarse todo el tiempo. Alguien le debe dinero, alguien le insultó, rebájese, humíllese.

2. Es importante aceptarse mutuamente.

El hombre debe aprender a aceptar a sus hermanos y no ser de tropiezo para ellos. En la cita, Jesús sigue hablando del niño...

> *⁵Y cualquiera que reciba en mi nombre a un niño como éste, a mí me recibe". Mateo 18.5*

¿A quién representa el niño?

> *⁶Y cualquiera que haga tropezar a alguno de estos pequeños que creen en mí, mejor le fuera que se le colgase al cuello una piedra de molino de asno, y que se le hundiese en lo profundo del mar". Mateo 18.6*

El niño que está en el centro representa a cada hombre que cree en Jesús como su Señor. Para el Padre, ellos son sus pequeños, indefensos, inocentes, necesitados de amor y de cuidados especiales.

¿Qué es tropezar?

El tropiezo de un niño es la figura de la ofensa para un creyente; es una trampa, una piedra en el camino para hacerlo caer. Cuando Jesús dice: *"Y cualquiera que haga tropezar, que ofenda a un creyente. . . "*, ya no se está refiriendo al niño que está en el centro, sino a usted, a mí, al hermano que se convirtió hace un mes. Si usted le es de tropiezo a un hijo de Dios...

⁶...mejor le fuera que se le colgase al cuello una piedra de molino de asno, y que se le hundiese en lo profundo del mar". Mateo 18.6

¿Qué es una piedra de molino de asno?

En el tiempo de Jesús, los molinos funcionaban con dos enormes piedras circulares; una de ellas estaba en el piso, donde había un vástago para moverla. Dentro del molino, se echaba el trigo para que la piedra lo moliera. Muchas veces, era una mujer quien movía el vástago para moler el trigo; en otras ocasiones, lo hacía un asno, porque la piedra era muy pesada. La tarea solía requerir la fuerza de hasta dos animales. Jesús dice que es mejor colgarse ese tipo de piedra al cuello, y morir ahogado, que hacer tropezar a quienes creen en Él. Para el Maestro, esto era muy serio; tanto que Él mismo dio su vida para salvar la de sus pequeños.

3. Las ofensas son necesarias para mostrar a los aprobados.

Primero, Jesús habla de rebajarse; luego, dice que es mejor ahogarse que hacer tropezar a un creyente. Pero todavía hay más, porque Jesús prosigue...

> *"¡Ay del mundo por los tropiezos! porque es necesario que vengan tropiezos, pero ¡ay de aquel hombre por quien viene el tropiezo!" Mateo 18.7*

¿Por qué Jesús dice esto? ¿Se está contradiciendo? ¿Por qué es necesario que vengan las ofensas?

> *"Porque es preciso que entre vosotros haya disensiones, para que se hagan manifiestos entre vosotros los que son aprobados". 1 Corintios 11.19*

Por ejemplo, a veces, nos preguntamos: ¿Por qué hay peleas dentro de la iglesia?, si se supone que estamos entre hermanos y que todos somos hijos de Dios. Cristo dice que los obstáculos, las ofensas, los tropiezos siempre van a venir, y así se revelarán los que son aprobados, los genuinos, los dignos de recibir una visión, un llamado, una comisión divina. Dios está levantando gente genuina, capaz de perdonar la ofensa y el agravio. Para eso, es necesario que vengan los tropiezos. Pero, ¿cuál debería ser nuestra actitud cuando alguien nos ofende?

4. El creyente genuino debe aprender a lidiar con las ofensas.

Si usted sabe que las ofensas siempre van a venir, es mejor que aprenda a lidiar con ellas. No importa a qué iglesia vaya, con quién se case o dónde trabaje, las ofensas siempre se presentarán y, además, son necesarias.

Ilustración: Si usted sabe que todos los años, hay altas probabilidades de que se formen huracanes y entren en Florida, ¿no compraría usted un seguro? Hay gente que no soporta el miedo de vivir en un lugar así, pero la mayoría, aprende a lidiar con los huracanes, compra un seguro para la casa, pone protección en las ventanas y se aprovisiona de todo lo que pueda necesitar. Lo mismo sucede con las ofensas; si sabemos que son una constante en la vida, tenemos que aprender a lidiar con ellas.

Hasta aquí hemos visto los siguientes puntos:

≈ La persona que sobrepasa la ofensa es genuina y madura, porque el amor de Dios está en ella.

≈ No importa adónde vaya, las ofensas siempre aparecerán; alguien lo va a ofender y es más, usted también, ofenderá a alguien.

≈ Las ofensas son necesarias para que se muestren aquellos que son aprobados, verdaderos, genuinos;

los que no son hipócritas, que perdonan, que viven el amor de Dios en ellos.

≈ Cuando hay un problema, el que es verdadero, siempre sale a la luz.

Siempre habrá tropiezos; lo importante es cuidarse de causarlos, de actuar como instrumento para hacer caer a alguien. Yo no voy a hablar de los defectos de mi mentor con un creyente que tiene dos meses de convertido. ¡Me rehúso! Yo no soy instrumento del diablo; yo soy instrumento de Dios para salvación de los seres humanos, no para perdición ni confusión.

5. La palabra de Dios nos ofende cuando no estamos alineados con ella.

> *⁶⁰Al oírlas, muchos de sus discípulos dijeron: Dura es esta palabra; ¿quién la puede oír? ⁶¹Sabiendo Jesús en sí mismo que sus discípulos murmuraban de esto, les dijo: ¿Esto os ofende?" Juan 6.60, 61*

Jesús ofendió a sus discípulos cuando les pidió compromiso. Usted no sabe si puede o no contar con alguien hasta que le pide compromiso. Esto revela el corazón de las personas y su verdadera posición en la obra de Dios y en cualquier área de la vida.

Ilustración: ¡Mujer soltera!, si tiene un novio, cuando

usted le pida el compromiso de casarse, sabrá qué quiere él realmente; conocerá qué tan en serio toma su relación con usted.

6. El rencor y el hacer tropezar a otros nos pueden llevar al Infierno.

El asunto se pone más serio para los discípulos cuando Jesús comienza a hablar del Infierno, como destino para un individuo que no es capaz de perdonar. ¡Esto es serio! El asunto se pone peligroso. Jesús sigue adelante con su disertación, dando una ilustración del cuerpo.

> [8]*Por tanto, si tu mano o tu pie te es ocasión de caer, córtalo y échalo de ti; mejor te es entrar en la vida cojo o manco, que teniendo dos manos o dos pies ser echado en el fuego eterno". Mateo 18.8*

¿Qué quizo decir Jesús con esto? Veamos cómo explica Pablo el mismo asunto.

> [21]*Bueno es no comer carne, ni beber vino, ni nada en que tu hermano tropiece, o se ofenda, o se debilite". Romanos 14.21*

Muchos dirán: "Entonces, ¿ningún cristiano puede beber vino? Eso es exagerado. Si yo no tengo problemas con el vino, ¿por qué no voy a poder beber una copa, de vez en cuando?" Lo que está enseñando Pablo es que, si por tomar una copa de vino, alguien puede tropezar, volver al mundo o ser tentado, es preferible no tomarla. Pues, si de nosotros depende, no seremos de tropiezo para un "pequeño". Jesús dice: "¡Cuidado!" Sí, hay cosas que no constituyen pecado, pero ése no es el punto; el punto es no ser de tropiezo para otros.

Hoy por hoy, hay miles que volvieron al mundo porque, un día, uno de nosotros le fue de tropiezo. ¡Córtese la lengua antes de ser de tropoizo a un creyente nuevo!

¿Cuál es mi punto de vista acerca del vino? El fundamento bíblico para no beber vino es que puede ser una tentación para personas que han salido del alcoholismo. Si usted comparte la mesa con un nuevo convertido que acaba de salir del vicio, no es sabio poner una botella de vino frente a él, ni beber uno, ni convidarle a él una "copita". Lo estaría invitando a caer nuevamente en el vicio que acaba de dejar. Es decir, por amor a nuestros hermanos, no bebemos vino; por amor a nuestros hermanos, no hablamos mal del pastor, del líder o el mentor; no contamos todos los problemas que vemos en la iglesia. Hoy en día, la gente está buscando la más mínima razón para alejarse de Dios. El corazón malo no quiere buscar a Dios, por eso usa cualquier detalle para justificarse y alejarse. No le facilitemos las razones para alejarse del Padre;

por amor a su hermano, déle un buen testimonio y ejemplo. No se trata de los derechos o la razón que tengamos, ni de lo justo que sea nuestro caso, sino de mostrar amor por aquel que está empezando a acercarse a Cristo.

> *⁹ Y si tu ojo te es ocasión de caer, sácalo y échalo de ti; mejor te es entrar con un solo ojo en la vida, que teniendo dos ojos ser echado en el infierno de fuego". Mateo 18.9*

Hermana, si tu falda es tan corta que puede hacer tropezar al hermano que está saliendo de la pornografía, que viene todavía con todos los demonios encima, cúbrete, cambia tu manera de vestir; no por religiosidad, sino por amor a aquellos nuevos que necesitan un buen ejemplo. Si no te importa, los vas a hacer tropezar. ¡Cúbrete! ¡No los hagas caer! Hombres, que tienen una labia de mundo, que le bajan las estrellas del cielo a las mujeres y son de tropiezo para ellas. ¿Cuál es su testimonio? Si saben que eso puede ser un obstáculo en la vida de una mujer que está comenzando a caminar en Cristo, ¡cállense, no la hagan caer!

Muchos padres han sido de tropiezo para sus hijos al mostrarles todos los defectos que tiene el pastor o la iglesia. Ahora esos jóvenes están en el mundo, sin Dios. ¿Qué era más importante: demostrar que usted tenía razón y que quizás haría mejor la tarea del pastor (en su opinión), o mantener a su hijo/a en el camino del Señor para que sea salvo/a y cumpla la voluntad divina en su vida?

> *²¹Oísteis que fue dicho a los antiguos: No matarás; y cualquiera que matare será culpable de juicio. ²²Pero yo os digo que cualquiera que se enoje contra su hermano, será culpable de juicio; y cualquiera que diga: Necio, a su hermano, será culpable ante el concilio; y cualquiera que le diga: Fatuo, quedará expuesto al infierno de fuego".
> Mateo 5.21, 22*

Usted nunca pensó que guardar rencor o ser de tropiezo para otro pudiera llevar a una persona al Infierno, ¿verdad? Éste es un asunto muy serio y encierra graves peligros.

7. Los ángeles de Jehová velan por los pequeños en el Reino.

> *¹⁰Mirad que no menospreciéis a uno de estos peque-ños; porque os digo que sus ángeles en los cielos ven siempre el rostro de mi Padre que está en los cielos". Mateo 18.10*

Los creyentes, los pequeños de Dios, tienen ángeles que están veinticuatro horas al día con ellos. Los ángeles ven, continuamente, el rostro del Padre en los Cielos; de allí toman fuerza y fortaleza para venir a ministrarlos. Aunque usted no sienta nada, debe creerlo por fe, porque Jesús lo dijo. Los ángeles de Dios no son como los que dibujan los hombres, con forma de bebés o niños pequeños, o como los dibujos o adornos que se ven en las casas. Eso es ignorancia, un gran desconocimiento de las verdades espirituales. Los ángeles son seres grandes, fuertes, poderosos en batalla, listos para la guerra. Aquellos que lo acompañan a usted, ven el rostro de Dios, y luego, vienen a ministrarle fuerza, fortaleza y vida.

"El ángel de Jehová acampa alrededor de los que le temen, y los defiende". Salmos 34.7

Tenemos un Dios glorioso y podemos ordenar a nuestros ángeles que salgan a pelear por nosotros. Yo he sentido a los ángeles a mi alrededor en muchas ocasiones. Ellos están conmigo en todo momento, pero los siento más cuando estoy ministrando en una cruzada de milagros. La sensación es comparable a estar en una rueda en medio de otra rueda, como rodeado de fuego.

8. Si hemos ofendido y nuestra ofensa hizo errar el camino de otra persona, debemos buscarla, pedirle perdón y restaurarla.

"Porque el Hijo del Hombre ha venido para salvar lo que se había perdido". Mateo 18.11

Jesús vino y dio su vida por el perdido; por eso, para Él es tan importante esto. Él dice: "Si hay alguien que está empezando, no lo empujen a perderse otra vez, ayúdenlo a salvarse". En el siguiente pasaje, Él da una ilustración para aclarar el punto.

12...Si un hombre tiene cien ovejas, y se descarría una de ellas, ¿no deja las noventa y nueve y va por los montes a buscar la que se había descarriado? 13 Y si acontece que la encuentra, de cierto os digo que se regocija más por aquélla, que por las noventa y nueve que no se descarriaron. 14 Así, no es la voluntad de vuestro Padre que está en los cielos, que se pierda uno de estos pequeños". Mateo 18.12-14

Cuando alguien se va de la iglesia, yo quiero estar seguro de que no fue por mi culpa; y si fue mi culpa, lo busco o lo llamo, y le pido perdón. Pero aquí no estamos hablando de una oveja malcriada, rebelde, que se enoja con todo el mundo y tiene siempre una mala actitud; estamos hablando de no ser de tropiezo para la salvación de otro. Jesús dice: "Si tú eres el líder de la casa y sabes que ofendiste a alguien, entonces búscalo".

Y usted se preguntará: "Pastor, usted, ¿lo hace?". Sí, yo lo he hecho cientos de veces, y lo sigo haciendo; pero no lo hago con ovejas rebeldes que salen tirándome veneno porque no se cumplieron sus caprichos o sus agendas personales. Yo sigo a aquellas que sé que herí. Si sé que maltraté a alguien, voy detrás de esa persona y le pido perdón y trabajo para devolverla al redil. A eso se refiere Jesús. ¡Padre de familia, si usted hirió a sus hijos, salga de su casa y vaya a buscarlos! ¡Esposa, si sabe que hirió a su esposo búsquelo y hable con él hoy!

Un día, Pablo, en uno de sus viajes, llegó a una isla con su gente, después de una dura travesía en el mar. Como hacía mucho frío, las personas que los recibieron encendieron una fogata para que pudieran entrar en calor; entonces, una víbora, huyendo del mismo, picó a Pablo en la mano. En lugar de intentar ayudarlo, todos los presentes se quedaron atónitos esperando que cayera muerto. Cuando una persona está ofendida con el pastor o con la iglesia y con odio en el corazón, espera que mañana se cierre el templo o que el pastor caiga. Cuando esa mujer que dejaste abandonada se divorcia de ti, espera que mañana caigas muerto. Pero dice la Biblia que Dios estaba con Pablo.

"Pero él, sacudiendo la víbora en el fuego, ningún daño padeció". Hechos 28.5

La ofensa es como el veneno que inyecta una serpiente en el torrente sanguíneo de una persona, puede matarla en poco tiempo. Cuando la ofensa atenta contra nuestra vida espiritual, debemos quitarla de nosotros, vacunarnos con el perdón, que es el único antídoto que nos puede salvar. Al igual que Pablo, debemos sacudirnos la víbora de la ofensa y quitar el veneno de nuestro sistema; debemos perdonar y seguir adelante.

9. La confrontación es parte de perdonar.

"Por tanto, si tu hermano peca contra ti, ve y repréndele estando tú y él solos; si te oyere, has ganado a tu hermano". Mateo 18.15

Hoy, en las iglesias, no se puede hablar de *reprender* porque dicen que uno no tiene amor. Pero Jesús dijo que, cuando alguien nos ofenda, debemos reprenderlo estando nosotros y él solos. Si a usted su esposa lo ofende, debe reprenderla a solas. Ése es el primer paso. Hay gente que dice: "pero yo soy el ofendido". Pero Cristo le puso a usted la carga. Es usted quien debe ir. ¡Sáquese ese dolor de adentro, mírelo a la cara y confróntelo! Vaya a solas, dígale cómo se siente. Si le oye, habrá ganado a su hermano.

"Mas si no te oyere, toma aún contigo a uno o dos, para que en boca de dos o tres testigos conste toda palabra". Mateo 18.16

Esto no se practica entre los cristianos; en cambio, difamamos al hermano. Si tenemos algo contra alguien, ¿por qué no seguimos los consejos dejados por Jesús en la Biblia? ¿Acaso no decimos que creemos que ésta es la palabra de Dios? En lugar de eso, difamamos; especialmente, cuando se trata de un ministro o anciano de la iglesia. Lo despedazamos con los dichos de nuestra boca; y en el camino, destruimos a los pequeñitos.

> *⁷Si no los oyere a ellos, dilo a la iglesia; y si no oyere a la iglesia, tenle por gentil y publicano".*
> *Mateo 18.17*

Es decir, primero debemos confrontar a quien nos ha ofendido, a solas; luego, si no hay resultados positivos, debemos traer un testigo y confrontar a la persona en presencia de éste; y si sigue sin aceptar su responsabilidad, lo podemos tener o considerar como publicano.

¿Quién era un publicano?

Los publicanos eran las personas más despreciadas de esa época: ladrones, inescrupulosos, que se sentaban a comer con las prostitutas y con los peores pecadores. Jesús dijo: "Si tú le hablas a alguien tres veces y no acepta que te ha ofendido, tenlo en la misma categoría de las prostitutas". Ése, para usted, no es un hermano; no se asocie con él.

10. La falta de perdón causa que perdamos la autoridad espiritual.

> *18De cierto os digo que todo lo que atéis en la tierra, será atado en el cielo; y todo lo que desatéis en la tierra, será desatado en el cielo". Mateo 18.18*

Aquí Jesús comienza a hablar de autoridad. Si usted no es capaz de perdonar, no tiene ninguna autoridad en la Tierra, ni para prohibir ni para permitir, ni para atar ni para desatar. La palabra **atar**, en el mundo espiritual, significa prohibir, declarar ilegítimo. Cuando quiera ejercer autoridad espiritual sobre sus hijos, Jesús le dirá: "tú no tienes ninguna autoridad porque hay falta de perdón en tu corazón".

> *19Otra vez os digo, que si dos de vosotros se pusieren de acuerdo en la tierra acerca de cualquiera cosa que pidieren, les será hecho por mi Padre que está en los cielos". Mateo 18.19*

¿Qué dice Jesús en este texto?

Jesús está diciendo que es necesario que lleguemos al punto de unidad o de acuerdo con la persona que nos hirió; porque ésa es la única manera de que nuestra oración sea escuchada en el Cielo. Está diciendo que si no nos ponemos de acuerdo con nuestro ofensor, perderemos la oportunidad de recibir lo que le pedimos a Dios.

La ofensa y el cristiano

En cambio, si nos ponemos de acuerdo, el panorama cambia por completo, y aquello que tanto anhelamos, no tendrá estorbo; sin duda, lo recibiremos.

La palabra **acuerdo** es una de las traducciones del griego *"sumfonéo"*, de donde también proviene sinfonía, y significa sonar a una. Si hay desacuerdo entre los músicos de una banda, no van a sonar de manera armoniosa. La falta de perdón es un estorbo en el fluir unánime del cuerpo de Cristo; porque para ponerse de acuerdo con alguien, ambos deben estar limpios de ofensas, de lo contrario, Dios no escuchará sus oraciones. Si no estamos de acuerdo, no tocamos la misma melodía; sólo tiramos nuestras oraciones al aire. Mientras haya ofensa en su corazón, no podrá tocar la misma sinfonía con su hermano. Si no hay acuerdo con sus hijos en su casa, jamás podrán tocar la misma sinfonía; siempre van a querer algo distinto. Cuando ambos mueran a sí mismos y dejen de lado el individualismo, entonces, tocarán la misma melodía; orarán lo mismo y Dios les responderá.

77

CAPÍTULO V

✤

LOS PELIGROS
DE NO PERDONAR

La falta de perdón encierra graves peligros para quien no logra sacar de su corazón el rencor y el ánimo de venganza. Algunos de ellos ya los vimos en el capítulo anterior, como desgloce de la enseñanza de Mateo 18. Veamos los que faltan:

¿Cuáles son los peligros más grandes de no perdonar?

✍ Quien no perdone será echado al Infierno.

✍ El rencoroso será entregado por Dios a los verdugos.

La falta de perdón es uno de los mayores atrayentes para los demonios. Cuando Dios les entrega una persona que se niega a perdonar, ellos la torturan recordándole la ofensa y el dolor sufrido, para torturar su mente. La palabra verdugos, en el idioma griego, significa "atormentadores", que no son otra cosa que demonios. Si Dios lo entrega a ellos, Él es el único que puede librarlo.

> *35Así también mi Padre celestial hará con vosotros si no perdonáis de todo corazón cada uno a su hermano sus ofensas". Mateo 18.35*

✍ Quien no perdona se vuelve una fortaleza impenetrable.

Cuando una persona se ofende, levanta una pared entre ella y el resto del mundo; es una persona impenetrable, nadie le llega, es una ciudad cerrada. Y esto la puede llevar al Infierno, como dijo Jesús.

> *¹⁹El hermano ofendido es más tenaz que una ciudad fuerte, y las contiendas de los hermanos son como cerrojos de alcázar". Proverbios 18.19*

Un hermano ofendido empieza a levantar paredes de protección, cierra su corazón, no confía en nadie, sospecha de todo el mundo, se está muriendo por dentro pero no lo dice. Además, tiene muy pocos amigos porque está rodeado de murallas y no hay quien lo pueda penetrar. Usa expresiones tales como:

∽ Todos los hombres o todas las mujeres son iguales.

∽ Por eso, no me involucro con nadie en la iglesia.

∽ Yo soy libre, no me someto a nadie.

∽ El matrimonio es una mentira.

∽ Todos los pastores son unos sinvergüenzas.

∽ Yo no confío en nadie; siempre me traicionan.

∽ Permanece en muerte.

14 Nosotros sabemos que hemos pasado de muerte a vida, en que amamos a los hermanos. El que no ama a su hermano, permanece en muerte".
1 Juan 3.14

¿Cómo se expresa el amor? El amor se expresa a través del abrazo, del beso, del servicio, de la oración, de los regalos, del cuidado, etcétera. Hay gente que dice de su hermano: "Yo no lo amo, pero tampoco lo odio". Eso es mentira, si no lo ama, lo odia; en Dios no existe punto medio. Es blanco o negro; o lo odias o lo amas. Claro está, que lo ames no significa que lo vas a abrazar todo el tiempo, pero tu corazón debe estar limpio y amando a todos, porque quien no ama a su hermano permanece en muerte.

❧ No tiene vida eterna.

15 Todo aquel que aborrece a su hermano es homicida; y sabéis que ningún homicida tiene vida eterna permanente en él". 1 Juan 3.15

Una persona que vive con falta de perdón, si tiene un accidente y muere, se pierde. No tiene vida permanente en sí mismo; porque si no ama a su hermano tiene odio en su corazón y esto lo separa de Dios. Aquel que odia a su hermano y habla mal de él es homicida. ¿Por qué? Porque asesina el carácter, la reputación y la influencia de esa persona.

🙠 Quien no perdona está envenenado, como el que ha sido picado por una serpiente venenosa.

> *⁵Entonces, habiendo recogido Pablo algunas ramas secas, las echó al fuego; y una víbora, huyendo del calor, se le prendió en la mano".*
> *Hechos 28.3*

El fuego es una tipología de la unción del Espíritu Santo. Pablo es mordido por una serpiente e, inmediatamente, la gente dice: "Seguro que está en pecado; éste es un castigo de Dios".

> *⁴Cuando los naturales vieron la víbora colgando de su mano, se decían unos a otros: Ciertamente este hombre es homicida, a quien, escapado del mar, la justicia no deja vivir". Hechos 28.4*

Éste era un dicho muy usado entre el pueblo. Creían que cuando una víbora picaba a un hombre era porque éste estaba huyendo de la justicia. Supongo que dirían algo así como: "¡Míralo, quién lo ve tan apóstol y está en pecado!" Si Pablo se hubiera echado a tener lástima de sí mismo y a sentirse desdichado porque nadie corrió a ayudarlo, en lugar de sacudirse la serpiente, hubiera terminado muerto.

⁵"Pero él, sacudiendo la víbora en el fuego, ningún daño padeció". Hechos 28.5

La falta de perdón es una víbora que va destruyendo, se va comiendo la vida de la persona ofendida; el veneno alcanza todas las áreas de su vida hasta matarla.

⁶"Ellos estaban esperando que él se hinchase, o cayese muerto de repente; mas habiendo esperado mucho, y viendo que ningún mal le venía, cambiaron de parecer y dijeron que era un dios". Hechos 28.6

¿Por qué estos individuos no corrieron hacia Pablo a espantarle la víbora? En cambio, se cruzaron de brazos, esperando que cayera muerto. ¿Por qué no fueron a ayudarlo? Cuando una persona está ofendida con alguien, su deseo es que, en cualquier momento, esa persona caiga muerta; que su matrimonio fracase, que lo echen del trabajo, etcétera. De nuestro ministerio, se ha ido gente tirando veneno, deseando que, mañana, la iglesia se cierre. "Esa iglesia -dicen- va a caer". Están envenenadas y lanzan su veneno contra aquel que odian; y luego, esperan que se hinche y caiga muerto, que no haya más ministerio ni vida. ¡No permita que eso le suceda a usted! Sacúdase la víbora, perdone la ofensa. Jesús es Dios de segundas oportunidades; si usted se cae, Él lo vuelve a levantar.

"Porque siete veces cae el justo, y vuelve a levantarse; mas los impíos caerán en el mal". Proverbios 24.16

Ilustración: Ésta es la historia de dos hermanos que se criaron en un gueto, sin tener qué comer ni qué vestir, maltratados y abusados, sin esperanzas de mejoría en sus vidas. A lo largo de toda su infancia, la vida fue subsistir, luchar por tener algún alimento que llevarse a la boca y defenderse de los abusos. Llegados a la adolescencia, cada uno tomó una decisión. Uno dijo: "Nací pobre y me quedaré pobre; éste es mi destino." El otro dijo: "Nací pobre, fui abusado, no tengo dinero pero, un día, seré abogado." Se sacudió la pobreza, el desánimo y las palabras que su padre le decía: "¡Bruto, estúpido, nunca serás nada en la vida!" Comenzó a estudiar; con mucho esfuerzo, trabajó, estudió y se graduó. ¿Qué hizo la diferencia? Los dos eran hermanos; uno se quedó en el gueto, en el lodo; mientras, el otro salió adelante. La diferencia es que uno aprendió a sacudirse; aprendió a no dejarse vencer por las circunstancias negativas; aprendió a dejar de lado la ofensa y la vergüenza y mirar más allá, el futuro que podía alcanzar.

Aprenda a sacudirse la ofensa, no deje que ésta aplaste el llamado que Dios tiene para usted. Lo que ve en Guillermo Maldonado hoy, no será lo que verá mañana. Mis críticos quisieran que cayera hinchado y muriera, pero yo me río del diablo porque sé que Aquel que empezó la obra en mí, será fiel en completarla, hasta el final. La gente dice: "Eso se termina. En cualquier momento cae." "Mira el rechazo, mira la depresión, el abuso; ése se hincha y cae muerto en cualquier momento." Pero, si usted se sacude la serpiente del rechazo, del dolor, del abuso y la ofensa, puede alcanzar todo lo que Dios soñó para su vida.

❧ El enemigo toma ventaja en su vida.

Muchas personas no saben perdonar porque no han podido perdonar su propio pasado. Por eso, es necesario entender que Dios perdona al que se arrepiente. La falta de perdón es una puerta abierta al enemigo que destruye nuestro hogar, nuestras finanzas, nuestra salud, entre otros.

> "...para que Satanás no gane ventaja alguna sobre nosotros; pues no ignoramos sus maquinaciones". 2 Corintios 2.11

❧ Las oraciones de quien guarda rencor en su corazón, son estorbadas.

La falta de perdón corta la comunión con Dios, y su presencia no fluye en nosotros. Jesús nos exhorta a dejar lo que hacemos para arreglar primero nuestras cuentas pendientes con la persona que nos ofendió.

²⁵Y cuando estéis orando, perdonad, si tenéis algo contra alguno, para que también vuestro Padre que está en los cielos os perdone a vosotros vuestras ofensas."Marcos 11.25

➷ Dios no recibe sus ofrendas.

Toda ofrenda a Dios es un sacrificio vivo, y Él no puede recibir un sacrificio que viene de un corazón contaminado. Esto viene a ser abominable delante de sus ojos, fuego extraño. Ciertos creyentes se preguntan por qué no prosperan si siempre diezman y ofrendan. Si es su caso, analice su vida y verifique si hay falta de perdón en contra de alguien.

²³Por tanto, si traes tu ofrenda al altar, y allí te acuerdas de que tu hermano tiene algo contra ti..."Mateo 5.23

➷ Su fe es anulada.

Es imposible creerle a Dios cuando estamos heridos. De una sola fuente, no puede fluir fe y resentimiento al mismo tiempo. No importa cuánto se esfuerce por creer la palabra de Dios o por confesarla, no puede actuar en fe. La falta de perdón bloquea la fe y no le deja creer.

﹏ Su amor se enfriará.

La falta de perdón corta el fluir del amor de Dios en nosotros, porque no se puede amar y odiar al mismo tiempo. Por eso, en una relación, si no se sanan las heridas, no fluirá el amor de Dios en plenitud. A veces, usted escucha decir a las parejas: "Ya no amo más a mi esposo o esposa", y no es que no lo amen, sino que se siente tan heridos que esa falta de perdón apaga el amor.

Después de aprender los enormes peligros que conlleva la falta de perdón, no podemos hacer caso omiso de ello. Es de necio correr semejantes riesgos y luchar contra el mismo Dios. Él nos perdonó una gran deuda. No esperemos ser entregados a los verdugos para, entonces, clamar por liberación. Sea sabio, perdone a tiempo.

CAPÍTULO VI

EL PODER DE LA GRACIA PARA PERDONAR

Perdonar no es una tarea fácil cuando las heridas son profundas o cuando quien nos ha herido es muy cercano a nuestro corazón. Hay ofensas fáciles de perdonar y hay otras que requieren una capacidad de perdón superior a la que podemos encontrar en nuestro corazón. Para eso necesitamos el poder sobrenatural de la gracia de Dios. En este capítulo, veremos cómo funciona este poder y qué debemos hacer para acceder a él y activarlo.

Jesús murió en la Cruz para darnos su paz, para que vivamos en armonía con Él, con nosotros mismos y con los demás; pero esto no es posible sin el poder de su gracia. La gracia y la paz son inseparables, siempre están juntas.

¿Qué es la paz?

No podemos definir paz como simple tranquilidad o ausencia de conflicto. El verdadero origen de la paz tiene que ver con una relación entre el hombre y su creador. El propósito de Dios es que nuestras relaciones, nuestro hogar y nuestra iglesia estén llenos de paz.

> [22]*En cuanto a la pasada manera de vivir, despojaos del viejo hombre, que está viciado conforme a los deseos engañosos,* [23]*y renovaos en el espíritu de*

vuestra mente, [24]y vestíos del nuevo hombre, creado según Dios en la justicia y santidad de la verdad".
Efesios 4.22-24

Todo esto implica una decisión de nuestra parte, pero una vez que la tomamos, la gracia es la que nos ayuda a vivirlo. Usted ya no tiene que vivir enojado; hay poder en la gracia divina para liberarlo.

¿Qué es la gracia?

La Gracia es un poder y recurso ilimitado de Dios, que abarcan todas las dimensiones de la vida gloriosa y eterna de Dios dada a nosotros gratuitamente. La Gracia es para ayudarnos a ser lo que no podemos ser por nuestra propia fuerza, y para hacer lo que no podemos hacer en nuestra propia fuerza.

Gracia no es lo mismo que misericordia:

La misericordia de Dios es no darle al hombre lo que en realidad merece. La Gracia es darle lo que no merece.

La Gracia es la expresión de las riquezas de Dios, otorgadas al hombre por medio del sacrificio de Jesús. Es una gracia gratis, pero no barata. A nosotros no nos cuesta nada, pero a Jesús le costó todo.

Ilustración: La gracia funciona como el volante de un camión grande. Si usted se sube, se sienta al frente del volante y trata de moverlo sin prender el motor, no podrá. El volante se destraba sólo cuando se enciende el motor del vehículo. Pero el motor no puede funcionar si usted no gira la llave de contacto. Una vez que el motor está encendido, es muy fácil mover el volante, aun con un dedo; porque no es con su fuerza sino con la que activa el encendido del motor.

Todo el poder de Dios está listo para ser encendido, pero no sucederá hasta que usted ponga la Palabra en acción. Cuando toma la decisión de despojarse del viejo hombre, entonces el poder de la gracia viene para que sea libre y se vista del hombre nuevo.

[26]Airaos, pero no pequéis; no se ponga el sol sobre vuestro enojo". Efesios 4.26

¿Cuándo nos podemos enojar sin pecar?

Yo creo que el único momento válido para enojarse, es cuando vemos el daño que el diablo le hace a la gente. Si nos indignamos por las obras destructivas de Satanás, por la injusticia y el abuso de los más débiles, nuestro enojo es justificado. Pero si nuestro enojo nos envuelve a nosotros como personas, es generalmente pecado. Si usted guarda enojo porque ha sido maltratado u ofendido, o porque han cometido una injusticia contra su persona, eso es pecado.

²⁷...ni deis lugar al diablo". Efesios 4.27

━ ✢ ━

Cuando deja que la ira permanezca,
le da lugar al enemigo en su vida.

━ ✢ ━

Si mi esposa me ofendió, yo no puedo decirle: "Esta vez, no te perdono", porque eso es darle lugar al diablo. No deje que el día pase; haga algo al respecto, deshágase de la ofensa, pues es como una bomba de tiempo que, sin duda, explotará. Si no resuelve el asunto, habrá abierto un espacio para que el enemigo entre en su vida, su familia y la iglesia. Satanás puede sentarse en la primera fila de la iglesia y decir: "Yo voy a arruinar cada servicio, porque hay una ira no resuelta en este lugar."

> *²⁸El que hurtaba, no hurte más, sino trabaje, haciendo con sus manos lo que es bueno, para que tenga qué compartir con el que padece necesidad". Efesios 4.28*

Este verso también incluye a aquellos que roban los diezmos. En la iglesia, hay un montón de ladrones que no diezman a Dios ni pagan sus impuestos al Estado. El motivo de trabajar es tener más para dar; la razón de hacer más horas extras es dar más en el Reino.

> *²⁹Ninguna palabra corrompida salga de vuestra*

boca, sino la que sea buena para la necesaria edificación, a fin de dar gracia a los oyentes".
Efesios 4.29

Hay tres tres órdenes importantes en la Biblia: edificar, dar gracia a quienes nos oyen y callarnos la boca.

³⁰Y no contristéis al Espíritu Santo de Dios, con el cual fuisteis sellados para el día de la redención. ³¹Quítense de vosotros toda amargura, enojo, ira, gritería y maledicencia, y toda malicia. ³²Antes sed benignos unos con otros, misericordiosos, perdonándoos unos a otros, como Dios también os perdonó a vosotros en Cristo". Efesios 4.30-32

¿Qué dijo Jesús acerca del enojo?

²²Pero yo os digo que cualquiera que se enoje contra su hermano, será culpable de juicio; y cualquiera que diga: Necio, a su hermano, será culpable ante el concilio; y cualquiera que le diga: Fatuo, quedará expuesto al infierno de fuego". Mateo 5.22

Si le habla de esa manera a su hermano, corre peligro de muerte, de ir al Infierno; además, de que verá un efecto negativo en sus ofrendas.

23Por tanto, si traes tu ofrenda al altar, y allí te acuerdas de que tu hermano tiene algo contra ti, 24deja allí tu ofrenda delante del altar, y anda, reconcíliate primero con tu hermano, y entonces ven y presenta tu ofrenda. 25Ponte de acuerdo con tu adversario pronto, entre tanto que estás con él en el camino, no sea que el adversario te entregue al juez, y el juez al alguacil, y seas echado en la cárcel. 26De cierto te digo que no saldrás de allí, hasta que pagues el último cuadrante". Mateo 5.23-26

Recuerde lo que leímos antes, si le damos lugar al diablo, él dirá: "Yo oí a esa persona hablar mal de un prójimo; por tanto, iré a su hogar, a su negocio, a su cuerpo porque tengo derecho legal para entrar y operar". Y Dios tiene que acceder, porque Él es justo aun con el diablo.

Ilustración: Es muy común oír a los cristianos diciendo que el diablo los atacó toda la semana. Pero ¿por qué sucede eso? ¿No será que le dieron lugar? Jesús caminó tres años y medio en la Tierra, como un hombre, con autoridad sobre el enemigo porque siempre fue obediente al Padre.

30No hablaré ya mucho con vosotros; porque viene el príncipe de este mundo, y él nada tiene en mí". Juan 14.30

Cuando hay una base de pecado, el diablo hará un reclamo ante Dios en todo su derecho. El diablo no podía tocar a

Jesús, pero no porque éste fuera Dios, sino porque era un ser humano obediente a Dios que no le cedía terreno en su vida. Si nosotros hacemos lo mismo, tampoco nos podrá tocar y lo venceremos siempre.

Jesús fue tentado en todo, pero en nada pecó. Él se frustró con la gente al igual que nosotros, pero nunca dejó que el enojo lo tomara, por eso el diablo no tuvo lugar en Él. Cuando el adversario le acuse, acuda a la sangre de Jesús, limpie su corazón y ese reclamo quedará sin efecto.

> *"Si confesamos nuestros pecados, él es fiel y justo para perdonar nuestros pecados, y limpiarnos de toda maldad".1 Juan 1.9*

La palabra **confesar** aquí significa hablar lo mismo, ponerse de acuerdo en lo que Dios dice; de otra forma el diablo buscará cualquier recurso legal que haya en nuestra vida para destruirnos.

El diablo dice: "Yo voy a lidiar con ellos sobre la base del pecado, antes de que ellos procedan contra mí sobre la base de la justicia. Muchos de nosotros oramos, intercedemos y hacemos guerra contra el diablo, pero somos vulnerables al espíritu de venganza, porque abrimos puertas al no tomar en serio la palabra de Dios.

Ilustración: En cierta oportunidad, un pastor usó su autoridad para manipular a la junta de directores de su ministerio. El diablo se desató en su contra y, después de mucha lucha, el Señor le mostró que él mismo había abierto esa puerta.

Ilustración: En una ocasión, yo hablé en contra de un ministro, criticando algo que él había hecho mal. A los pocos días, me enfermé sin razón aparente. Al cabo de tres días, le pregunté al Señor qué había pasado, y Él me reveló que al criticar a su ungido, yo le había abierto la puerta de mi vida a Satanás. Aunque lo que había dicho era cierto, eso no me daba a mí ningún derecho de atacar al ungido de Jehová. Cuando le pedí perdón a Dios, de inmediato, la fiebre y el dolor en mis huesos se fueron.

Si usted usa la ira y la fuerza para manipular las situaciones, le dará lugar al diablo. ¿Qué más dijo Jesús de esto?

> *¹⁵Por tanto, si tu hermano peca contra ti, ve y repréndele estando tú y él solos; si te oyere, has ganado a tu hermano". Mateo 18.15*

El propósito de reprender al hermano no es ponerlo por el piso o humillarlo, sino ganarlo.

> *⁵³Mas no le recibieron, porque su aspecto era como de ir a Jerusalén. ⁵⁴Viendo esto sus discípulos Jacobo y Juan, dijeron: Señor, ¿quieres que mandemos que descienda fuego del cielo, como hizo Elías, y los consuma?"Lucas 9.53, 54*

Los discípulos se ofendieron porque la gente no recibió a Jesús, pero Él no se ofendió, sino que reprendió a sus discípulos y se fue a otra aldea. Jesús no era afectado por la conducta ofensiva de la gente; seguía su camino, cumpliendo la voluntad del Padre. Ésta es la forma ideal de vivir. La conducta de otras personas no puede ofendernos. Los cristianos no podemos vivir sin tener comunión. Si es necesario reconciliarse con un hermano, debemos hacerlo en privado, pues nadie necesita saber que hubo un desacuerdo. A veces, se lo decimos a todo el mundo porque queremos ganar simpatía, y el hermano es el último en saberlo. Usted debe ir a ese hermano y decirle: "Yo tengo que sacar esto de mi corazón, pues no quiero darle lugar al diablo. Resolvamos nuestras diferencias." Para recibir la plenitud de Dios en cada área de nuestra vida, es imperativo mantener la armonía con Dios y con los demás.

Hay muchos ministerios, iglesias y creyentes con tantos asuntos no resueltos, mientras claman que el poder y la bendición caigan. No toman conciencia de que estos asuntos están bloqueando el poder de Dios en su vida y en la iglesia; no lo toman en serio.

―――✛―――

Donde no hay comunión, no hay paz.
Cuando una relación es enmendada,
la paz vuelve a la casa.

―――✛―――

Jesús nos dice lo que tenemos que hacer

> *[16]Mas si no te oyere, toma aún contigo a uno o dos, para que en boca de dos o tres testigos conste toda palabra. [17]Si no los oyere a ellos, dilo a la iglesia; y si no oyere a la iglesia, tenle por gentil y publicano". Mateo 18.16, 17*

El asunto es serio. Si ese hermano no se arrepiente, Jesús dice que podemos tenerlo en la misma categoría de los publicanos y las prostitutas.

Si pensamos de acuerdo a lo que enseña Jesús, la autoridad final en la Tierra para estos asuntos es la Iglesia; no hay mayor autoridad que ésta. Uno de los mayores problemas del cuerpo de Cristo es que la gente no tiene sentido de la autoridad. Dios nos dice que, un día, nosotros vamos a juzgar a los ángeles y al mundo. ¿Por qué no podemos resolver estos pequeños asuntos si, como Iglesia, somos la autoridad final del gobierno de Dios en la Tierra? Si nosotros no reconocemos la autoridad de la Iglesia, ¿cómo esperamos que Satanás y el mundo la reconozcan?

Yo hago todo lo necesario para mantener la paz. Si no estoy bien con mi esposa, no hay forma de mantener la paz en casa. Si no estoy bien con mis hermanos en la iglesia, no tendremos paz en la casa de Dios. Por eso, mi compromiso es firme. No importa qué tan difícil sea o cuánto demande de mí, con el poder de la gracia divina, haré lo necesario para mantener la paz en mi hogar y en la iglesia.

Perdonar es difícil porque, cuando uno está enojado, no es capaz de ver la situación desde la perspectiva correcta. Pero debemos tener presente que, cuando uno se enoja con su hermano, la unción de Dios no fluye a través de su vida. Si alguna vez prediqué enojado con mi esposa y la unción fluyó de todos modos, fue por la gracia de Dios.

Las áreas que albergan falta de perdón
están infectadas con influencias demoníacas

¿Cómo podemos perdonar?

Recuerde lo que dije antes, no es fácil perdonar en la fuerza humana cuando las ofensas causan tanto dolor. Recuerde, también, la ilustración del volante del camión. Una vez que tomamos la decisión por fe, el poder de la gracia fluye a través de nosotros y logramos perdonar. Una vez que enciende el motor de la gracia, entonces puede perdonar a aquellos que le han traicionado, que le hicieron mal. A partir de allí, lo que quiere para ellos es que Dios los bendiga de una forma sobrenatural. Yo no le deseo mal a la gente que me criticó o me traicionó, más bien oro para que Dios la prospere y reciba la herencia que Él tiene para ella. Me alegra mucho oír que le va bien.

Es impresionante ver cómo la gente recuerda lo que le hicieron hace diez años atrás. La Biblia dice que el amor no guarda rencor. Aquel que ha aprendido a perdonar no lleva un récord de las faltas del otro. Cuando Dios nos perdona, olvida nuestras transgresiones, no se acuerda más de lo que hicimos.

> *19 Otra vez os digo, que si dos de vosotros se pusieren de acuerdo en la tierra acerca de cualquiera cosa que pidieren, les será hecho por mi Padre que está en los cielos" Mateo 18.19*

La palabra **acuerdo**, en griego, significa tocar la misma sinfonía. Si estamos fuera de armonía con nuestro esposo, nuestras oraciones no serán oídas. Cuando los padres no están en armonía, los que sufren son los hijos, porque debido a esto, el diablo los ataca y hasta los puede llevar a la muerte. Pero si el liderazgo de la iglesia está en armonía, produce la misma sinfonía y esto fluye a toda la congregación. Así es en todas las áreas del quehacer humano.

> *20 Porque donde están dos o tres congregados en mi nombre, allí estoy yo en medio de ellos".*
> *Mateo 18.20*

La idea detrás de este verso es que las personas pierdan su individualismo para hacerse uno ("En Cristo, ya no soy yo, mi ministerio o lo que hay para mí.") ¡Atención! Esto no se refiere a perder la identidad dada por Dios, sino el egoísmo y el protagonismo humano. Es sabido que la mayor parte de la gente llega a la iglesia para ver qué provecho puede sacar, y no lo que puede dar.

Ilustración: Hace un tiempo, tuve una situación muy triste con un hombre que había ordenado como ministro de la iglesia. Yo lo recibí, lo engendré en el Espíritu, lo llevé a la madurez y apenas lo envié a su ministerio, me traicionó. Salió hablando mal de la iglesia y del liderazgo, e incluso, tomó muchas cosas que no eran de él y se las llevó. Literalmente, robó, mintió, calumnió y contaminó a otros a su alrededor. Para mí no fue fácil perdonar a un hombre al que le di parte de mi vida, lo entrené, lo equipé, y me traicionó así..., fue muy difícil. Pero una vez que fui a Dios y le pedí su gracia, por fe, pude perdonarlo. En mi fuerza, no lo podía hacer, pero con la gracia divina lo perdoné y lo desaté. Hoy puedo decir que bendigo a este hombre, que un día me traicionó, habló mal de mí (y todavía lo hace), y me alegro de que le vaya bien. Por la gracia de Dios, lo perdoné.

Soy libre y puedo predicar desde un púlpito sin estar amargado; por eso la unción de Dios no ha cesado en mi vida y aumenta cada vez más. Como dije antes, estoy dispuesto a hacer lo que sea necesario para mantener la paz en el cuerpo de Cristo.

El perdón debe ser un estilo de vida, no sólo en una ocasión específica, porque las ofensas siempre van a venir. Siempre vamos a ser tentados a ofendernos; pero es importante que crezcamos, que maduremos y dependamos de la gracia de Dios para no permitir que las ofensas hagan su habitación en nuestro corazón y le abran la puerta al diablo. Cuando no podemos perdonar, la gracia de Dios es la única que nos limpia, que nos ayuda a girar la llave para encender el motor del camión y poder moverlo. Sólo así podremos estar limpios delante de Dios sin que nuestras ofrendas y oraciones tengan estorbo.

CAPÍTULO VII

EL PERDÓN COMO ESTILO DE VIDA

La multiplicación, setenta veces siete, es equivalente a 490 veces diarias. Yo creo que nadie es capaz de perdonar ese número de veces. Por lo tanto, lo que Jesús nos está dando a entender en el siguiente texto es que si usted cuenta cada vez que perdona a alguien, entonces quiere decir que no perdonó con todo el corazón. La otro que Jesús nos enseña con esta multiplicación es que el perdón debe ser un estilo de vida.

> *³Mirad por vosotros mismos. Si tu hermano pecare contra ti, repréndele; y si se arrepintiere, perdónale. ⁴Y si siete veces al día pecare contra ti, y siete veces al día volviere a ti, diciendo: Me arrepiento; perdónale. ⁵Dijeron los apóstoles al Señor: Auméntanos la fe". Lucas 17.3-5*

> *²¹Entonces se le acercó Pedro y le dijo: Señor, ¿cuántas veces perdonaré a mi hermano que peque contra mí? ¿Hasta siete? ²²Jesús le dijo: No te digo hasta siete, sino aun hasta setenta veces siete". Mateo 18.21, 22*

Cada creyente debe armarse con este pensamiento: "El perdón es para mí un estilo de vida; no importa quién me hiera, ni cuántas veces me ofendan, yo siempre estaré listo

para perdonar. Jesucristo me perdonó una deuda millona-
ria, ¿cómo no voy a pedonar a aquellos que me deben
unas cuantas ofensas?" Una de las virtudes de un creyente
maduro es que perdona con facilidad cuando lo ofenden y
se arrepiente rápido cuando ofende a otro o a Dios. Si
usted no guarda rencor contra alguien, su corazón está
limpio y listo para que Dios le bendiga.

A continuación, analizaremos algunas preguntas que nos
ayudarán a incorporar el perdón como un estilo de vida.
En ocasiones, hemos perdonado a aquellos que nos han
ofendido, pero viene una ofensa peor y no sabemos qué
hacer.

¿Qué hacer cuando nos ofenden o nos hieren?

Cuando usted reciba una ofensa, un agravio o un insulto,
tome la determinación de perdonar tan pronto como sea
posible.

> *"Cuando te enojes, no peques, y nunca dejes que*
> *tu ira, tu ofensa, tu resentimiento, tu herida o tu*
> *molestia, furia o indignación, dure hasta que el sol*
> *se oculte". Efesios 4.26* (Biblia Amplificada)

La Palabra nos enseña que no debemos esperar a que
pase el día sin haber perdonado a quienes nos ofenden.
Éste es un principio que siempre deben practicar los matri-
monios. Es importante que hagan un pacto o un convenio

de que nunca irán a dormir sin antes pedirse perdón si hubo alguna ofensa durante el día. También, este mismo principio debemos aplicarlo a cualquier otra relación interpersonal. No esperemos que el día pase sin antes pedir perdón o perdonar a quien nos ha ofendido.

La palabra de Dios es clara cuando nos habla de que debemos perdonar con todo el corazón. Si usted espera sentir algo, nunca perdonará. Esto tiene que ser un acto de fe. Aunque tenga malos sentimientos contra esa persona y piense que no merece el perdón, usted tiene que decidirlo por fe y llevarlo a cabo por la gracia.

¿Será una hipocresía perdonar sin sentirlo?

El perdón no es un sentimiento, sino una decisión en obediencia a un mandato divino. La Palabra nos da el mandamiento de perdonarnos los unos a los otros. No podemos esperar a sentirlo; debemos perdonar, ya sea que lo sintamos o no.

¿Después de haber perdonado, debemos tener una relación cercana con la persona?

No necesariamente. Algunos creyentes se sienten culpables porque creen que por el hecho de que hayan perdonado a una persona, tienen que estar cerca de ella para completar el perdón, y ese pensamiento está incorrecto.

¿El tiempo borra las ofensas y las heridas?

No. El tiempo no borra las ofensas ni las heridas, al contrario, si dejamos que una ofensa eche raíz en nuestro corazón, durante un largo período de tiempo, se nos hará más difícil perdonar. El único que sana y borra nuestras heridas es Jesús, y esto sucede cuando perdonamos de todo corazón.

¿Quién debe tomar la iniciativa de pedir perdón, el ofendido o el ofensor?

Ambos. Sé que algunas personas creen que el ofensor es el que debe pedir perdón primero, pero en Cristo, ambos tienen que ir y buscar el perdón.

¿La persona tiene que estar presente físicamente para pedirle perdón?

En ocasiones, es importante hacerlo personalmente para restaurar la relación. En otras, no hay necesidad de involucrar a la otra parte. Si nos arrepentimos y lo confesamos delante de Dios, seremos sanados y perdonados por el Señor. No es imprescindible que la persona esté presente. Por ejemplo, si yo tuviera malos sentimientos contra un pastor por alguna u otra razón, no tendría que ir siempre a él y decirle que me perdone; pero sí, debo ir a Dios y confesar mis malos sentimientos, con la firme decisión de cambiar por el poder de su gracia.

¿Qué hay que hacer con aquellos que no aceptan nuestro perdón?

Si usted ya ha pedido perdón y la persona no quiere aceptarlo, ya no es un problema suyo, pero sí de esa persona con el Señor. Usted ya cumplió con ese individuo y está libre delante de Dios.

¿Cómo sabemos si hemos perdonado?

La manera más fácil de saber si ya hemos perdonado, es que cuando nos acordamos de la persona y de lo que nos hizo, ya no nos duele. Nosotros no tenemos la habilidad de borrar la memoria, sólo Dios puede. Vamos a recordar, pero no nos dolerá. Podemos escuchar a la persona hablar del problema y tampoco nos dolerá. Nunca deje de amar sólo porque tuvo una mala experiencia con alguien. Perdone y siga amando, porque el que ama es feliz y bienaventurado.

No levante paredes sólo porque un día le dio el corazón a alguien y éste lo hirió. Usted debe practicar el perdón como un estilo de vida.

――― ✛ ―――

¡Siga amando y Dios lo bendecirá!

――― ✛ ―――

¿Cómo perdonamos de todo corazón?

❧ Perdone de todo corazón como un acto de su propia voluntad. Como mencionamos antes, el perdón no es un sentimiento sino un mandato. Decida hacerlo ahora mismo y Dios se encargará del resto.

❧ Pida perdón a Dios por el pecado de juicio. (Cuando una persona tiene falta de perdón y su corazón está herido, de su boca salen ira, celo, enojo, envidia, juicio y otras cosas más.)

❧ Haga una lista de las personas y las situaciones que lo han herido en su vida.

❧ Exprese su perdón en forma verbal. La palabra **confesaos** es *extereologeo* en griego, y significa expresar los dolores del alma, por medio de confesar los pecados verbalmente a Dios. Su dolor interno sanará en la medida que usted exprese su perdón de forma verbal.

> *"Confesaos vuestras ofensas unos a otros, y orad unos por otros, para que seáis sanados. La oración eficaz del justo puede mucho". Santiago 5:16*

❧ Renuncie a todo espíritu de odio, amargura y resentimiento. Esto también, traerá sanidad física a su cuerpo.

❧ Pídale al Espíritu Santo que sane las heridas que las ofensas le han causado.

✍ Bendiga y ore por aquellos que le ofendieron.

Repita esta oración en voz alta, con todo su corazón:

"Padre celestial, con todo mi corazón, yo decido perdonar a todas las personas que me han herido y ofendido. Me arrepiento por guardar rencor, ofensas, resentimiento, falta de perdón y odio contra (nombre a la persona). Yo me arrepiento por haber juzgado a (nombre). Ahora mismo, voluntariamente, perdono a (haga una lista con los nombres); los perdono con todo mi corazón. Renuncio a todo espíritu de falta de perdón, odio, amargura, resentimiento y lo echo fuera de mi vida. Señor, sana mis herida. Ahora, oro y bendigo a (nombre). Te pido que bendigas a esas personas y a su familia. Me declaro libre y sano de mis heridas, en el nombre de Jesús. ¡Amén!"

TESTIMONIOS

A continuación, veremos algunos testimonios de personas que el Señor ha hecho libres de la falta de perdón por medio de algunas intercesoras y ministros de liberación en nuestro ministerio. Los nombres de las personas han sido omitidos para preservar su privacidad.

Testimonio 1: La oración modelo que nuestro Señor Jesucristo nos legó en Mateo 6.12 dice: «...y perdónanos nuestras deudas así como nosotros perdonamos a nuestros deudores». Este versículo nos revela la imperiosa importancia de la necesidad de perdonar.

Si perdonamos un diez por ciento, recibiremos del Padre un diez por ciento de su perdón. Si perdonamos un cien por ciento, entonces recibiremos la victoria sobre una de las armas más usadas por el enemigo de nuestras almas: la falta de perdón.

En los años de pertenecer al ministerio de liberación de nuestra Iglesia El Rey Jesús, he podido experimentar y gozarme con las personas que han sido liberadas por el poder del Espíritu Santo al tomar la decisión de perdonar.

Recuerdo una joven de apenas 17 años de edad, que por haber sido abusada sexualmente por su padre, una y otra vez, a temprana edad (de 5 a 12 años), la falta de perdón, mezclada con el odio hacia su padre, envenenaron su corazón. Dejó de ser una niña que jugaba con muñecas para convertirse en una niña triste. Vivía aterrorizada cuando caía la noche, porque sabía que pronto aparecería por la puerta de su cuarto la figura de un hombre al que ella llamaba papá y odiaba al mismo tiempo.

La liberación fue fuerte. A esa joven le costó mucho perdonar, pero cuando se rindió, el Espíritu Santo pudo obrar hasta las fibras más profundas de su corazón. Ella fue liberada del odio, del resentimiento y de la falta de perdón hacia su padre. Hoy día, sirve y adora al Señor en nuestra iglesia. Cuando miro su rostro, veo a la niña que ha vuelto a sonreír y a amar. ¡Y todo fue por haber tomado la decisión de PERDONAR! ¡Gloria a Dios!

Testimonio 2: En una de las citas, tuve la oportunidad de ministrar a una señora de aproximadamente 35 años. Esta señora tuvo un pasado muy triste debido a que su familia era extremadamente pobre. Vivía junto a sus quince hermanos. Ella nació con un problema de habla y tenía una deformidad en sus labios, la cual le causaba mucho complejo. Lo que más le dolía era que sus propios hermanos, incluyendo su mamá, se burlaban de ella y la rechazaban.

Cuando llegamos a la parte de la falta de perdón, donde ella tenía que exteriorizar todo su dolor, fue cuando ella comenzó a llorar. Expresar su pasado fue tan duro para ella que nunca se lo llegó a contar a alguien. Me dijo que mientras crecía junto a sus hermanos, trabajando desde muy niña para aportar a la economía de su casa, dos de sus hermanos mayores la empezaron a maltratar física y verbalmente. Al cumplir los nueve años, empezaron a abusar físicamente de ella, haciéndola experimentar muchas vergüenzas, tales como: orgías con otras personas, incluyendo mujeres y aun amistades de su propia familia. Así pasaban días de sufrimiento, porque no podía hablar con nadie, ya que la amenazaban constantemente.

Pasaron diez años hasta que ella tomó valor y decidió decirle a su mamá lo que pasaba, pero su mamá no le creyó. Lo que hizo fue darle golpes, supuestamente, por atreverse a levantar tal calumnia en contra de sus propios hermanos. Ahí fue cuando su mamá decidió separarla de la familia y la envió a los Estados Unidos sin nada y completamente sola.

Ella cuenta que la relación con su mamá nunca fue buena porque constantemente le decía que se arrepentía de que hubiera nacido, que la odiaba, que era la vergüenza de la familia y otras frases más. Todo esto fue creando, en el corazón de la joven, mucho resentimiento, que a su vez, la llevó a sentir un odio pro-fundo, por sí misma, por la vida que llevaba y hacia las personas que le causaron tanto daño.

Luego, transcurrieron algunos años en que ella se alejó de

la familia y no mantuvo contacto con nadie. Durante ese tiempo, llegó a conocer a Jesús como su Salvador. Llegó el día en que ella decidió pasar por sanidad interior y liberación. En el momento en que comenzó a hablar del pasado, su corazón comenzó a ablandarse nuevamente. Había vivido mucho tiempo con las emociones endurecidas por la falta de perdón. La etapa donde ella tenía que decidir perdonar, se le hizo muy difícil. Sentía que no podía ni siquiera mencionar sus nombres, pero el Espíritu Santo tomó control y ella quedó completamente libre.

Hoy día, es una mujer restaurada. Después de la liberación, sintió tanta compasión y misericordia, que decidió llamar a su familia. Habló con su mamá y le contó lo que había sucedido. Saber que su hija la había perdonado fue un impacto tan grande para su mamá, que también decidió recibir al Señor como su Salvador, y detrás de ella, lo hizo toda su familia.

Testimonio 3: Verdaderamente, Dios es el Sanador de nuestro corazón y de nuestra alma. ¡Qué difícil se le hace al Señor liberarnos cuando hay falta de perdón en nuestro corazón contra alguien!

Hace unos meses atrás, ministré liberación a una joven de 16 años. Ésta había sido abusada sexual y verbalmente por su padre, quien se encontraba influenciado por el alcohol. La niña nunca recibió afecto ni calor humano por parte de su madre ni de su padre. La falta de perdón contra su padre era tan grande que cuando le ministraba y le pedía que cerrara sus ojos para que se imaginara a su padre y le expresara su perdón, me decía que no podía hacerlo porque lo veía como un monstruo. A raíz de su falta de perdón, se le hizo imposible llamarle a Dios "papi" cuando se dirigía a Él en oración. La falta de perdón le impidió por completo encontrar el amor del "maravilloso Padre" que tenemos en nuestro Señor. Pero el brazo de Dios es de misericordia y su poder es mayor y más poderoso que cualquier cosa.

De momento, durante la ministración, el Espíritu Santo le comenzó a ministrar con el amor de Dios y todo ese resentimiento se desapareció. Dios la hizo verdaderamente libre, logrando que ella perdonara a su padre y sintiera el amor del Padre Celestial.

Testimonio 4: Quiero compartir una experiencia que tuve con una hermana de unos 35 años de edad. Vino en busca de ayuda, y quería ser ministrada para obtener sanidad interior y liberación. Esta hermana, cuando tenía ocho años fue abusada sexualmente por su padre. Ella odiaba que llegara la noche, porque era el momento de estar a solas con su papá y él empezaba a abusar de ella. Luego, a los trece años, se fue a vivir a la casa de un primo, que también la violó. Él abusó de ella durante un año, y como la amenazaba, ella se mantuvo en silencio.

Aproximadamente, a los 16 años, se casó y tuvo tres hijos.

Su hijo mayor, a los siete años, fue violado por su abuelo, el padre de ella. Imagínese cómo estaba el corazón de esta hermana. Cuando empecé a decirle que renunciara a toda falta de perdón, no podía abrir su boca ni pronunciar el nombre de él. De inmediato, eché fuera todo espíritu de falta de perdón, resentimiento, odio y raíz de amargura en el nombre de Jesús. El Señor dice que Él vino para deshacer todas las obras de Satanás.

Con la ayuda de Jesús, la hermana pudo perdonar a su padre y a todos los que le habían causado daño, ¡porque Él pagó un precio muy grande en la cruz del Calvario por todos! Hoy día, esta hermana se encuentra gozosa trabajando en el ministerio.

Testimonio 5: Cuando hablamos de la falta de perdón, posiblemente, hablamos de una de las trampas más grandes de Satanás para los creyentes, por medio de la cual muchos creyentes están atados al odio, a la amar-gura y hasta a enfermedades.

Recuerdo uno de los casos en que ministré sanidad interior y liberación a un hombre cristiano. Este hombre joven fue maltratado por su padre (lo trataba mal, lo rechazaba y lo golpeaba) desde que era un niño. Él odiaba a su padre a tal punto, que se imaginaba y deseaba su muerte. Un día, a los 17 años, su padre murió. Él comenta que se puso contento porque su padre ya no estaba, y así, ya no recibiría más maltratos.

Este hombre estuvo atado a un espíritu de falta de perdón, a tal extremo, que el odio y la amargura contra su padre duró más de 35 años. Él quiso ser libre de todo esto, y entonces, buscó ayuda. Le ministramos sanidad interior y liberación, y el Señor Jesús lo hizo libre.

Testimonio 6: La falta de perdón es uno de los grandes problemas que afectan el cuerpo de Cristo, y me atrevo a decir que, en la gran mayoría de los creyentes, existe falta de perdón.

Brevemente, les contaré uno de los testimonios de falta de perdón que más ha impactado mi vida. Un hombre vino a la iglesia buscando ayuda, recibió a Jesús en su corazón y, después, pidió una cita para que le ministraran sanidad interior y liberación". Cuando le ministré, resultó ser un hombre maltratado e ignorado por su padre, y abusado sexualmente por un amigo de la familia cuando tenía cinco años. A partir de allí, empezó a sentir odio hacia su padre y hacia los hombres. Llegó a ser un drogadicto a temprana edad, con experiencias homosexuales por el odio que le tenía a los hombres, y también porque había perdido toda figura paterna. Debido a esto, el espíritu de falta de perdón que había en él desencadenó la entrada de otros espíritus que lo oprimían, tales como: espíritu de Pedofilia, bestialismo, fornicación, entre otros. El Señor lo hizo libre de toda falta de perdón y de otras ataduras que había cargado por más de cuarenta años. Hoy día, es un hombre de Dios que sirve activamente en la obra.

Con este testimonio, podemos ver lo que una simple ofensa puede hacer en la vida de una persona y los espíritus que se pueden desencadenar. Por esta razón, es de vital importancia que seamos ministrados en la sanidad interior y la liberación.

> *13 Y a vosotros, estando muertos en pecados y en la incircuncisión de vuestra carne, os dio vida juntamente con él, perdonándoos todos los pecados, 14 anulando el acta de los decretos que había contra nosotros, que nos era contraria, quitándola de en medio y clavándola en la cruz....".*
> *Colosenses 2.13, 14*

CONCLUSIÓN

Podemos concluir que toda falta de perdón comienza con una ofensa, y si no sabemos lidiar con ella de inmediato, de una simple semilla puede llegar a formarse un gran árbol, cuyo fruto será el odio. También, enten-demos que las ofensas son necesarias para nuestro crecimiento espiritual. Cuando somos heridos, nos duele mucho, pero ese dolor nos enseña a madurar espiritualmente.

Recordemos que el perdonar no está basado en un sentimiento, sino en una decisión; cada uno de nosotros debe aprender a perdonar de todo corazón. De otra manera, nos enfrentaremos con grandes consecuencias. Si deseamos una vida llena de victoria y de gozo, es necesario que tengamos el perdón como un estilo de vida.

Cuando hablamos de estilo de vida, nos referimos a que debemos estar listos para perdonar, sin importar cuán grande sea la ofensa ni cuántas veces se repita. El perdón es un práctica para realizar cada día, ya sea por la ma-ñana, por la tarde o por la noche. Además, es necesario que estemos listos para perdonar a aquellos familiares que nos ofendan y a nuestros enemigos. No podemos caer en la trampa del enemigo. Son muchos los testimonios de gente que ha mordido el anzuelo, y como resultado, ahora su vida es miserable, llena de tristeza, soledad, amargura y odio. Algunos están muertos porque la amargura los mató.

Otros están enfermos con úlceras, artritis, cáncer y dolores de estómago, etcétera.

Los creyentes no nos podemos dar el lujo de guardar rencor, molestia o falta de perdón en nuestro corazón. Recuerde las palabras de Jesús, tenemos que perdonar 490 veces diarias a aquellos que nos ofenden. El perdón debe ser un estilo de vida en nosotros.

> *"15 Mira, yo he puesto delante de ti hoy la vida y el bien, la muerte y el mal; 19 A los cielos y a la tierra llamo por testigos hoy contra vosotros, que os he puesto delante la vida y la muerte, la bendición y la maldición; escoge, pues, la vida, para que vivas tú y tu descendencia..." Deuteronomio 30.15, 19*

Nadie más puede tomar la decisión de perdonar, excepto usted mismo.

> *"19 Mejor es humillar el espíritu con los humildes que repartir despojos con los soberbios."*
> *Proverbios 16.19*

El perdón es dado por gracia a aquellos
que no lo merecen.

BIBLIOGRAFÍA

Biblia Plenitud. Nashville, TN: Editorial Caribe, 1994. ISBN: 0-89922-279-X.

Expanded Edition the Amplified Bible. Zondervan Bible Publishers, 1987 - Lockman Foundation, USA. ISBN: 0-31095168-2

Real Academia Española, *Diccionario de la Lengua Española*, http://www.rae.es/.

Reina-Valera 1960, Copyright © 1960 Sociedades Bíblicas en América Latina; Copyright © renovado 1988, Sociedades Bíblicas Unidas.

Strong, James. *LL.D, S.T.D*. Nueva Concordancia Strong Exhaustiva. *Nashville, TN-Miami, FL: Editorial Caribe, Inc./División Thomas Nelson Publishers, 2002*. ISBN: 0-89922-382-6.

The Tormont Webster's Illustrated Encyclopedic Dictionary. ©1990 Tormont Publications.

Vine, W.E. *Vine: diccionario expositivo de palabras del antiguo testamento y del nuevo testamento exhaustivo*. Nashville, TN: Editorial Caribe, Inc./División de Thomas Nelson, Inc., 1999. ISBN: 0-89922-495-4.

Ward, Lock A. *Nuevo Diccionario de la Biblia*. Editorial Unilit: Miami, Florida, 1999. ISBN: 0-7899-0217-6